はじめに

京都の風景写真撮影に取り組んで三十年の月日がたちました。その間、京都に飽きると地方に出かけたり、外国を飛びまわったころもありましたが、やはり京都の魅力には勝てず、この十年間は被写体としての京都に固執しています。

改まって京都の魅力は、と問われれば、一二〇〇年の歴史の中で育まれた文化の多種多様さ、そしてその洗練された深い美しさと、繊細な四季の移ろい、すなわち自然と人々の暮らしとが一体となった世界にあると言えるでしょう。初めのうちは、漫然と京都を写していました。ただ京都のすべてを撮りたいと、人が気にもかけないような隅っこの物にまでカメラを向けてきたと思います。その結果九六冊の写真集を出版できました。総論的な京都風景写真集ならば、数冊で事足りたでしょう。京都は各論的なテーマで追求すれば、未曾有な被写体の宝庫です。そして良きにつけ悪しきにつけ、変貌して行きます。その一瞬一瞬を、大型カメラで、がっしりと写すことが、自分も京都の永い歴史のなかを生きていることだと実感しています。

さて本書は、一九九七年七月五日から一九九九年九月五日までの二年間、週に一回毎日新聞の京都版に一〇〇回連載した写真と文章から、モノクローム写真をカラーに替え、とりとめなく綴った拙文を大幅に加筆訂正して一冊の本にまとめたものです。京都の片隅で、京都の風景美にこだわり続ける一写真家のつぶやきです。

水野克比古

京都・こだわりの散歩道

目次

春の散歩道

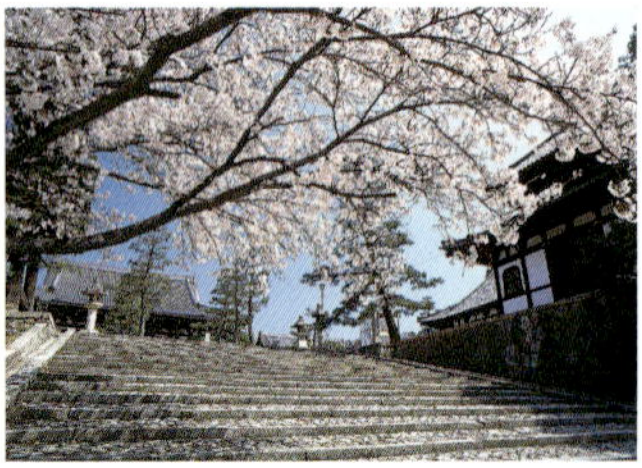

夏の散歩道

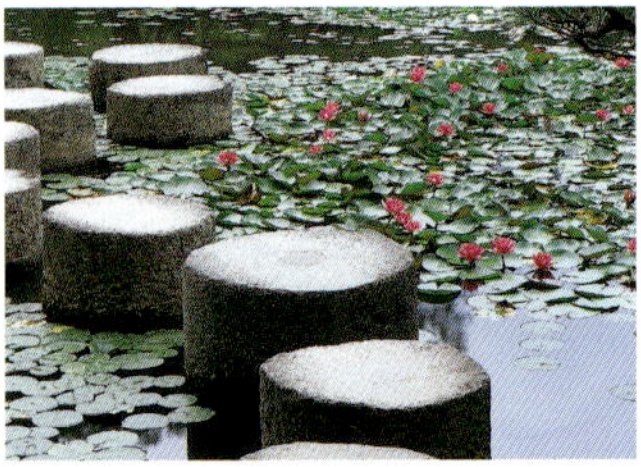

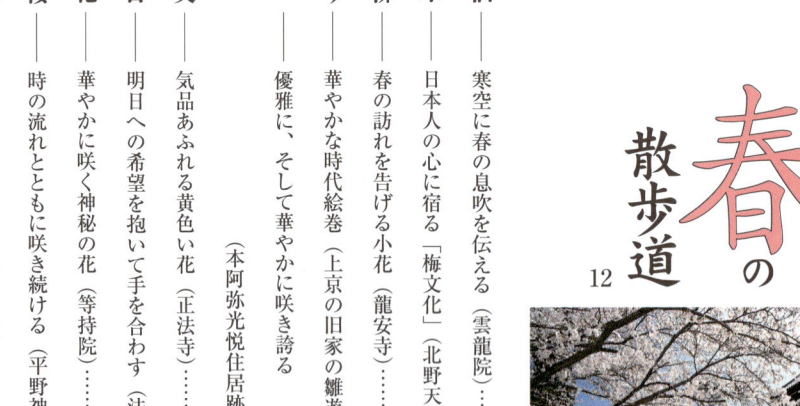

秋の散歩道

冬の散歩道 162

日々の散歩道 200

京の歳時記

こだわりの散歩道
市街地マップ
宝ヶ池
国際会館
三宅八幡
宝ヶ池
上賀茂神社
大田神社
深泥ヶ池
北山
松ヶ崎
北山通
高野川
修学院
府立植物園
叡山電鉄叡山線
圓光寺
今宮神社
北大路通
市営地下鉄烏丸線
北大路
一乗寺
詩仙堂
金福寺
大徳寺
賀茂川
金閣寺
船岡山
鞍馬口
下鴨神社
茶山
糺の森
龍安寺
元田中
千本ゑんま堂
妙蓮寺
宝鏡寺
等持院
平野神社
本隆寺
白峯神宮
今出川通
出町柳
京福北野線
北野天満宮
常林寺
今出川
西陣
浄福寺
晴明神社
北野白梅町
竜安寺道
等持院
妙心寺
妙心寺
西大路通
千本通
堀川通
烏丸通
廬山寺
梨木神社
京都御苑
河原町通
川端通
吉田神社
吉田山
東大路通
銀閣寺
白川通
法然院
安楽寺
真如堂
金戒光明寺
法金剛院
法輪寺
護王神社
花園
JR山陰本線(嵯峨野線)
丸太町
丸太町
丸太町通
二条城
市営地下鉄東西線
二条
二条城前
烏丸御池
京都市役所前
御池通
東山
三条
三条京阪
蹴上
南禅寺
日向大神宮
山ノ内
三条口
京福嵐山線
西院
阪急京都線
四条
四条大橋
八坂神社
円山公園
四条
大宮
烏丸
河原町
四条通
祇園
圓徳院
高台寺
ねねの道
法観寺
西院
四条大宮
鴨川
建仁寺
五条
丹波口
五条通
五条
西京極
1
七条通
三十三間堂
天神川
七条
JR東海道本線
京都駅
東海道新幹線
西大路
東寺
東寺
東福寺
泉涌寺
東福寺
九条
九条通
近鉄京都線
十条
十条
鳥羽街道
伏見稲荷
桂川
稲荷
伏見稲荷大社
石峰寺
深草
上鳥羽口
くいな橋
1
24
京阪本線
JR奈良線

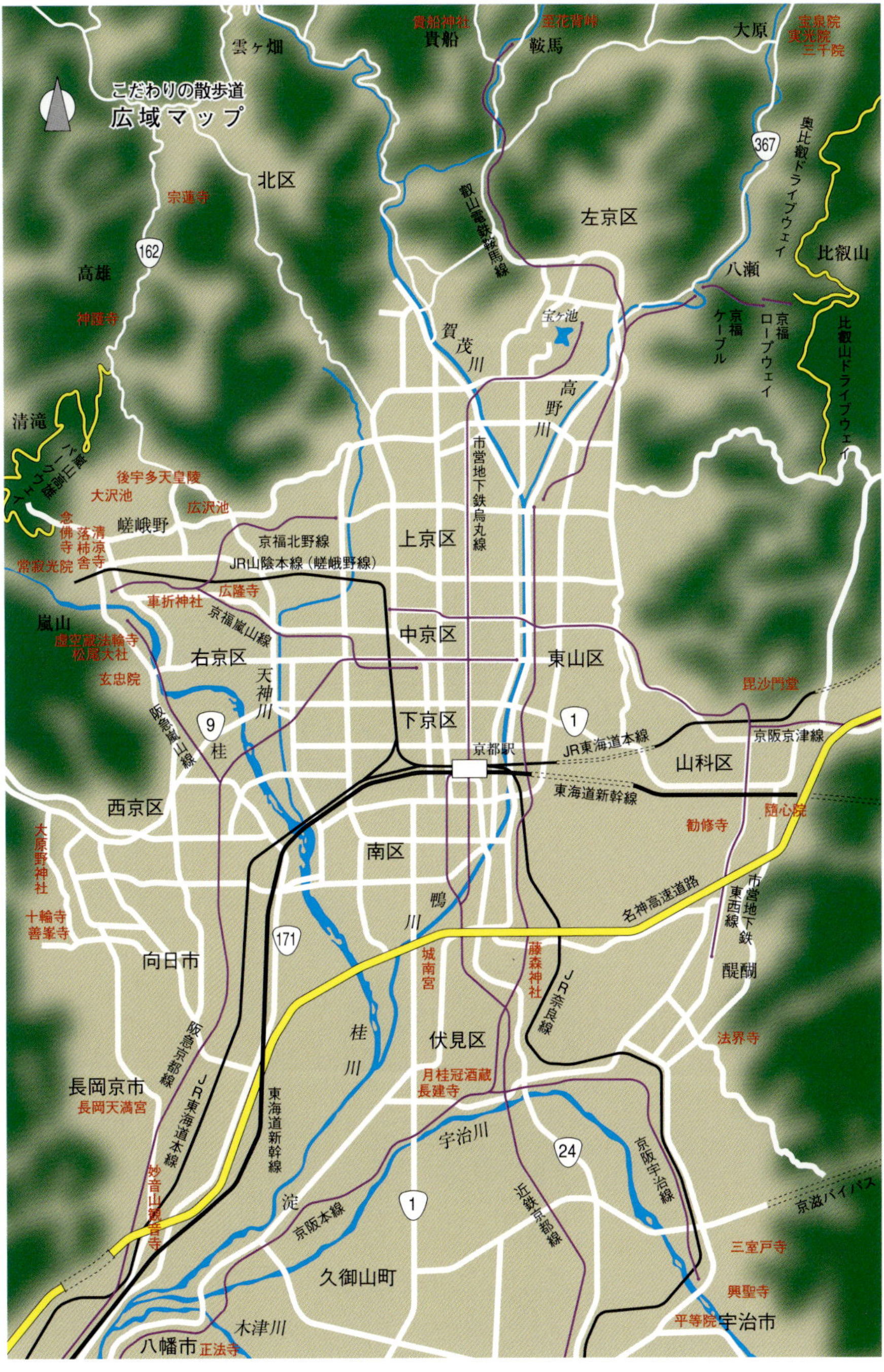
こだわりの散歩道
広域マップ
貴船神社
貴船
雲ヶ畑
芹生の里
芹生峠
鞍馬
大原
宝泉院
実光院
三千院
367
奥比叡ドライブウェイ
北区
宗蓮寺
162
左京区
比叡山
八瀬
叡山電鉄鞍馬線
京福ケーブル
京福ロープウェイ
比叡山ドライブウェイ
高雄
神護寺
宝ヶ池
賀茂川
高野川
清滝
嵐山高雄パークウェイ
後宇多天皇陵
大沢池
広沢池
嵯峨野
念佛寺
落柿舎
清凉寺
常寂光院
京福北野線
JR山陰本線（嵯峨野線）
上京区
市営地下鉄烏丸線
広隆寺
車折神社
京福嵐山線
嵐山
虚空蔵法輪寺
松尾大社
右京区
中京区
東山区
玄忠院
天神川
阪急嵐山線
9
桂
下京区
1
毘沙門堂
JR東海道本線
京阪京津線
京都駅
山科区
東海道新幹線
西京区
勧修寺
随心院
大原野神社
南区
十輪寺
善峯寺
鴨川
名神高速道路
市営地下鉄東西線
171
向日市
城南宮
藤森神社
JR奈良線
醍醐
阪急京都線
桂川
伏見区
法界寺
長岡京市
長岡天満宮
JR東海道本線
東海道新幹線
月桂冠酒蔵
長建寺
宇治川
24
京阪宇治線
京滋バイパス
妙音山観音寺
淀
京阪本線
1
近鉄京都線
三室戸寺
久御山町
興聖寺
木津川
平等院
宇治市
八幡市
正法寺

春の散歩道

MIZUNO KATSUHIKO
PHOTO ESSAY

上／金戒光明寺（左京区）
中右／平安神宮（左京区）
中左／大原野（西京区）
下／月桂冠酒蔵（伏見区）

前頁／城南宮（伏見区）

◉春の散歩道……水　仙（すいせん）

寒空に春の息吹を伝える

　立春前だというのに、新聞紙上で隠《お》岐島《きのしま》の水仙開花のニュースを伝えていた。暖かい淡路島の水仙群落地では、もう花盛りなのだろうか。

　京都では寒中に咲く草花はほとんどなくうらやましい限りだが、蕪村《ぶそん》の俳句に「水仙や寒き都のここかしこ」とあるのだから、さがせば必ずやどこかで、ひっそりと凛《りん》とした立ち姿で咲いている水仙に出会えるはずだ。

　調べて見ると、この花の原種は遠くヨーロッパの地にあるらしい。白い花弁に黄色い花冠の清楚な水仙は、ニホンスイセンと呼ばれているため日本原産のものだとばかり思っていたのだが。

　あのワーズワースの詩に、黄金色に輝く水仙の花と歌われている春咲きの黄水仙やラッパ水仙も、元は同じ品種であったと知って面白くなってきた。

　はるか昔、遠くシルクロードを通り中国を経て日本にもたらされたか、あるいはその球根が海水にも強くて暖流に乗って日本の海岸に辿《たど》り着き、長い年月の間に日本独特の花に生まれ変わったのだろう。

　後者であるとすれば、越前海岸などの海辺に野性の群生地が多いことで証明できる。小さな水仙たちの長い旅に思いを馳《は》せていると、寒空に春の息吹を告げてくれるようで勇気づけられる。

　さて京都では、栽培されたものを見つけ出すしかないし、花期のタイミングをはずすと出会えないが、水仙の花名所をさぐってみよう。

　洛西の梅の名所、梅宮《うめのみや》大社では広大な梅林の中で梅の開花を急《せ》かすように咲く水仙の群落が見られる。

　洛東、真如堂《しんにょどう》山内の吉祥院《きっしょういん》、洛中の出町柳《でまちやなぎ》の常林寺《じょうりんじ》でも地蔵堂のそばに数株の花が咲く。洛北の府立植物園では、黄花のヨーロッパ産など多種類の水仙が迎えてくれる。

　作例写真は東山・泉涌寺《せんにゅうじ》山内の雲龍院にて。庫裡《くり》玄関前で撮る。低い花なので、上から見下ろすと寺院の静かな雰囲気を写し込めない。ローアングルから花を見上げるように写したい。

雲龍院
東山区泉涌寺山内町
交通「市バス」泉涌寺道停から東へ徒歩10分

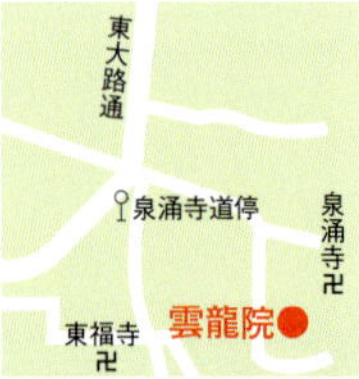

6×7判カメラ、105ミリレンズ、ISO100カラーポジフィルム、1／2秒、f22

4×5カメラ、250ミリレンズ、ISO100カラーポジフィルム、1／8秒、f11

京の歳時記　通常の年は2月2日

追儺（ついな）式

吉田神社

各社寺での節分行事のなかで、もっとも参詣者で賑《にぎ》わうのが左京区の吉田神社である。節分前夜、かつて宮中で行われた追儺式を現代に伝えている。四つ目黄金の面をつけた方相氏が童をしたがえて、赤・青鬼を追い払う。まことに古式豊かな節分会である。

●春の散歩道……梅の木（うめのき）

日本人の心に宿る「梅文化」

立春をすぎて暖冬のせいか、梅の開花のニュースが届く。梅は春告花《はるつげばな》として、また松、竹、梅と嘉祥《かじょう》木の一つとして、古くから日本人が開花を待ちこがれる花だ。由来は、奈良朝時代後期に唐から渡来した帰化植物である。

当時の中国では、観梅の風習が隆盛をきわめており、中国文化にあこがれていた遣唐使をはじめとする日本の文化人は、梅花の導入に熱心であった。長い時を経て、果実を食材として利用することも含め、梅の品種改良と栽培は日本各地で盛んに行われてきた。そして幸せなことに、京都では歴史に登場する舞台と梅花が今でも存在し、撮影の被写体として登場してくれる。

まず一二〇〇年余の昔、平安遷都時の御所の紫宸殿《ししんでん》に「左近の梅」が中国にならって植栽された。これは遣唐使が廃止された後、村上天皇の天徳四（九六〇）年に日本原産の山桜に植え替えられたが、梅文化は皇室に色濃く宿ることになった。現在の御所でも「黒木の梅」、「御常御殿の紅梅」、「皇后御殿前の白梅」などが現存している。私も二十年前だが、それらの秀花を撮影したことを懐かしく思い出す。

その昔、村上天皇の御世、清涼殿の梅が枯死したので別の樹を取り寄せたところ、その枝に「勅《ちょく》なればいともかしこし鶯《うぐいす》の宿はと問はばいかがこたへむ」と歌が詠まれており、その心をくんで元の場所へ帰されたという故事がある。その梅は鶯宿梅《おうしゅくばい》と名づけられ、植え継がれて、現在は相国寺《しょうこくじ》山内林光院《りんこういん》に見事な紅白の八重の花を咲き分けている（未公開なのが惜しまれる）。

梅といえば菅原道真《みちざね》公を連想するほど有名な北野天満宮は、五〇種二〇〇〇本以上のスケールと背景の社殿の美しさで、名実ともに日本一の梅の名所であろう。古木では霊鑑寺《れいかんじ》の紅梅が三百数十年の樹齢を誇る。京都御苑の梅林は、市民の人気が高く、二条城の梅園は本丸の石垣を背景に絵になる。長岡天満宮の梅林も充実していて、品種名が記されているのがありがたい。

作例写真は、北野天満宮。本殿背後の摂社の地主神社。華麗な桃山建築を背景に、紅白の梅が競い合って咲いている。

北野天満宮
上京区馬喰町
交通［市バス］北野天満宮前停すぐ、［京福北野線］北野白梅町駅から東へ徒歩3分

◉春の散歩道……猫　柳（ねこやなぎ）

春の訪れを告げる小花

北山の川ぞいでは、もう猫柳が花を咲かせ始めているだろうか。早春とはいえ、まだ寒風にさらされ、冷たい渓流のしぶきに洗われながら健気《けなげ》に小花を咲かせている姿を想いうかべると、明日にも会いに行ってみようかなと心がはずむ。

猫柳はいわゆる柳の一種で、古くは川柳《かわやなぎ》と呼ばれ、かつて日本中の山野の河川や池などの水辺のどこにでも、ごく普通に自生して早春を告げる花として親しまれていた。今では都会だけでなく、深山の渓流にまでほどこされるようになったコンクリート護岸のせいで、この可愛らしい早春の風物詩もほとんどが姿を消し去ろうとしている。

こうした草木の写真を撮ろうとするたびに、日本の原風景が一つまた一つ失われてゆくのをしみじみ惜しいと思う。

名前の由来は、春に葉が出る前に、銀白色の絹毛におおわれた尾状の花穂を密生させて咲かすのが、猫の尾のようなので猫柳と呼ぶ。また子犬の尾のようでもあるので、エノコロヤナギとも呼ばれている。

京都の平坦地で自然生えのものとしては嵯峨野《さがの》の広沢池西岸に群生が残っていて、私たちの目を楽しませてくれる。ここのものは花の形や色が少し違って見え、ひょっとすると他の種類の柳かもしれない。

庭園などにも植栽されていて、写真家たちのあいだで評判の良い所としては龍安寺《りょうあんじ》の鏡容池《きょうようち》の南のほとり。真っ直ぐに伸びた枝に白絹のようなやわらかい毛の小花をむらがり咲かせている猫柳は、私のお気に入りである。

近ごろ、花屋で切り花として売っているにぎやかに咲く猫柳とは違って、人が植えたものとはいえ京都の底冷えの冬を幾年も耐え忍んできただけに、素朴な美しさと、かつては貴族の別荘庭園としての優雅な雰囲気に培《つちか》われたのであろうか、凛《りん》とした姿勢が感じられる。

作例写真は龍安寺にて。早春の午後の柔らかい日射しの半逆光に花を浮かび上がらせている。望遠レンズで背景の山や池面を単純化して写す。花の見《み》頃《ごろ》は三月に入ってからがよい。

龍安寺
右京区龍安寺御陵ノ下町
交通［市バス］竜安寺前停すぐ、［京福北野線］竜安寺道停から北へ徒歩10分

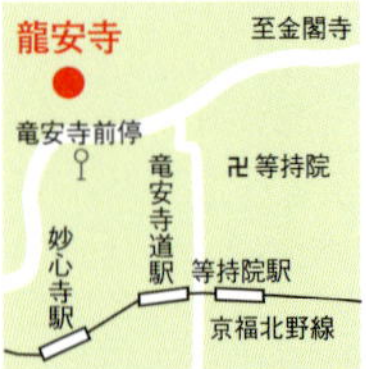

4×5判カメラ、400ミリレンズ、ISO100カラーポジフィルム、1/4秒、f22

4×5判カメラ、90ミリレンズ、ISO100カラーポジフィルム、ストロボ光、1／30秒、f22

京の歳時記

嵯峨のお松明（たいまつ）

3月15日

清凉寺

三国伝来の釈迦如来像をまつる右京区の清凉寺《せいりょうじ》では、三月十五日に涅槃《ねはん》法要ののち、釈迦を荼毘《だび》に付した様を再現するお松明式が催される。

本堂前庭に七メートル余の高さの三本の大松明が、午後八時に点火される。ごうごうと燃えさかる火柱は、嵯峨野の夜空を焦がし、京に春を呼ぶ。

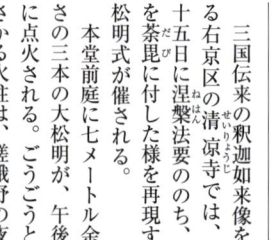

◉春の散歩道……雛祭り（ひなまつり）

華やかな時代絵巻

雛《ひな》人形は日本人が幼児のころから身近に置き、分身のように愛《いつく》しみ親しんできた愛玩人形と考えられる。もとは素朴な人形で、中に綿を入れた白絹布のぬいぐるみで「這子《ほうこ》」とか「比々奈《ひひな》」と呼ばれていた。それが中世から近世を経て、現在のように雅《みや》びやかに着飾った雛人形に発展した。

また三月三日の雛祭りは、中国で古代から行われていた「上巳《じょうし》」という風俗と日本固有の「祓《はら》え」の行事とが結びついたものである。「上巳」とは、三月はじめの巳《み》の日に水辺につどい酒を酌みかわし災厄を祓う祭りで、「曲水の宴」はそれが発展したものである。「祓え」とは陰陽道《おんみょうどう》の影響を受けた信仰儀式で、ひとかた（人形）で身体を撫《な》で、穢《けが》れを移し川に流す行事で、六月や十二月の晦日《みそか》の大祓《おおはらえ》がそれである。そういう事情から、雛人形は愛玩人形なのか形式人形なのかという二つの説があり、結論を出すのは大変難しい。

近世に江戸幕府が五節句を制定し、以後三月三日が雛人形を飾る雛節句として庶民間に定着した。つまり雛人形と遊ぶ日常行為が、特定の日の雛祭りとして行事化したのである。それゆえ雛人形は手に取られる姿から、飾りやすい坐り姿へと変化してゆく。雛人形の種類は豊富で、各時代による特徴を比べてみると興味はつきない。

折しも三月一日に催される、人形寺として親しまれる宝鏡寺の「雛まつりと人形展」を訪ねると、入寺された皇女の慈《いつく》しんだ人形を時代の変遷とともに辿《たど》れるのは楽しい。こうして門跡尼院や旧家に伝わる人形をカメラで旅できるのも、京都に住んでこそであろう。

作例写真は、上京《かみぎょう》の旧家の雛遊び風景。雛段には享保《きょうほう》雛、次郎左衛門雛、束帯《そくたい》雛、町雛が飾られ、投扇興《とうせんきょう》をして遊ぶ京娘の華やかな声に人形たちも楽しく笑っている。ひとしきり遊んだあとには、お母さんの手作りの雛料理の饗応が待っている。

宝鏡寺
上京区寺之内通堀川東入百々町
交通「市バス」堀川寺ノ内停すぐ
●人形展3月1日〜4月3日（春）、10月15日〜11月10日（秋）

4×5判カメラ、300ミリレンズ、ISO50カラーポジフィルム、1／8秒、f16

◉春の散歩道……桃（もも）

優雅に、そして華やかに咲き誇る

樹木の中で、桃ほど実と花の双方が優れているものは他にないと思う。花木の王が牡丹《ぼたん》ならば、桃は花果樹の女王と言える。

「桃」という字は、実が数限りなく成るので、大きい数を表す単位、兆の字が木偏と組み合わされてできた。

また延命長寿の実の成る仙木のイメージから邪気を払うとされ、桃太郎伝説や、雛の節句には必ず桃の花を飾る風習が生まれた。

梅、椿《つばき》、桜と咲き継ぐ花の撮影に追われて、桃の花のことはつい忘れ勝ちだが、それは京都に桃の花名所が少ないせいなのかもしれない。

近年に出版された本の中で「山城伏見の桃林は壮観である」と現在形で書かれていたので、人に訪ねたり歩きまわってさがしたが、ついに見つからなかった。

日本の歴史に登場する「桃山時代」という呼称は、豊臣秀吉が築いた伏見城が没後、徳川家康によって廃城され一帯に桃の木が植えられたことによる。

芭蕉《ばしょう》が「我が衣《きぬ》に伏見の桃の雫《しずく》せよ」と伏見の西岸寺《さいがんじ》の任口上人《にんこうしょうにん》の徳を偲《しの》んだように、往時は都だけでなく地方にまで、伏見は桃の名所として知られていたようだ。

その桃林が姿を消してしまったのは、この地が市街化してしまったのと、実桃の樹齢が短い所以《ゆえん》なのかもしれない。

秀吉配下の大名屋敷に残った長寿な椿の木が、椿園として今も桃山のあちこちに残っているのにくらべると残念なことである。

しかし近年、京都御苑《ぎょえん》内の西方の一角に花桃の園が整備されて、華やかな花々を咲かせ、府立植物園でも種々の栽培種の花が楽しめる。

また、白川の三条通を下流へ、明智光秀公の首塚付近の川畔《かはん》で、紅白の桃が水面に美しい花影を映している。

作例写真は、本阿弥光悦《ほんあみこうえつ》の住居跡近く。旧家の裏庭で光悦も朝夕に賞《め》でたであろう鷹ケ峰《たかがみね》を背景に、「矢口」という花桃の代表品種と思われる優雅な花が、うららかに咲いている。

光悦町
北区鷹峯光悦町
交通［市バス］鷹峯源光庵前停あたり

●春の散歩道……山茱萸（さんしゅゆ）

気品あふれる黄色い花

　三月に入って、陽春を思わす暖かな日々が続くと一気に春はやってくる。春の花が次々と咲き始め、今年の花行《あん》脚《ぎゃ》も本格的に開始で撮影に忙しい毎日が続く。

　この時期、花木ではまず咲く満作《まんさく》に始まり、山茱萸、連翹《れんぎょう》、エニシダ、山吹など。草花に目を向けると、菜の花や芥子菜《からしな》などの黄色い花が多い。子孫を残すための受粉の世話になる昆虫の好む色で、目をひくためなのだろうかと想像すると楽しい。

　それらの黄金色という派手な色の花のなかでも、山茱萸は気品と雅びた雰囲気を持ち合わせていて、京都の風景の中に、ほどよく溶け込んでいるように思える。

　この花の名の由来は、その赤い実がグミ（漢字で茱萸と書く）に似ているところから名づけられたようだ。

　本来は中国原産のものだったが、江戸時代中期に朝鮮国から伝来したといわれる。

　山茱萸の名を聞くと、九州宮崎県の民謡「稗《ひえ》つき節」の一節「庭のサンシュユの木」を思い出すが、あれは語意違いで、古くから伝わる民謡の発生当時には、日本にはまだサンシュユはなく、山椒《さんしょう》の木がサンシュウと訛《なま》って唄われたのだろう。

　日本には自生種がないので、庭木として植栽されたものをさがさねばならない。

　京に所を得て美しく咲く花を紹介すると、洛北鷹峯《たかがみね》の遣迎院《けんごういん》では、かつて岡山の高松城から移築された山門の内側に咲いている。府立植物園では林の中の景色としてだが、数十本の成木が周りを黄金色に染めている。

　西山の金蔵寺で、山門の前に風雅な様子で咲く姿を楽しめる。また嵯峨野、天龍寺山内の三秀院には白壁のそばに侘《わ》びた風情の花が咲き、遠くに嵐山が霞《かす》む。寺院名と語呂が合っているのも、何となく興味をひく。

　作例写真は、八幡《やわた》市の正法寺《しょうぼうじ》。格式高い本堂の蔀格子《しとみごうし》を背景に単純化して、優雅に咲く花が浮かび上がるように写す。普段は未公開の寺院なので、拝観には御注意を。

正法寺
八幡市八幡清水井
交通「京阪バス」・「京阪宇治交通バス」走上り停から南へ徒歩5分

4×5判カメラ、180ミリレンズ、ISO50カラーポジフィルム、1秒、f22

京の歳時記

はねず踊

3月30日

随心院

山科《やましな》区の随心院《ずいしんいん》に小野小町ゆかりの「はねずの梅」が満開のころ、梅園に舞台が設《しつら》えられ、近郷の少女が八人、はねず色（白味をおびた紅色）の小袖を着て、小町と深草少将のロマンスを題材にした、わらべ唄を歌い舞い踊る。その優雅な様子は平安王朝の時代を偲ばせる。

◉春の散歩道……夕　日（ゆうひ）

明日への希望を抱いて手を合わす

近年、夕日を見たこともない子供たちが多いと聞き、驚いている。見ようとしないのか、見る場所と機会がなくなってしまったのか、とても不幸な気がする。

私たちは、西山に沈む落日に浄土信仰、すなわち西方《さいほう》浄土の阿弥陀如来への敬虔《けいけん》な思いを重ね合わせてきた。心に染みるような美しい夕日を見ることで、一日の疲れを癒《いや》し、明日への希望を抱いて、休息の夜の訪れを待つのを日課としてすごしてきたように思う。

例年、春分の日前後が特に夕日が美しく見え、写真撮影ができる時期である。早春の三寒四温を繰り返した気候がすぎ、天候が安定し、晴れの日が続くと空気が乾燥する。そして、地表の塵《ちり》や埃《ほこり》が舞い上がり、太陽の光線を弱めて、夕日の輪郭がくっきりと撮影できるからである。

夕日撮影の市中スポットは、当然東山一帯に求めることになる。西山から離れるほど日没時刻が遅くなり、夕日が鮮やかに見えるから。そして、太陽と組み合わせる対象物を手前に入れる必要性から、法然院《ほうねんいん》より南の霊鑑寺付近で、吉田山の真如堂《しんにょどう》や金戒光明寺《こんかいこうみょうじ》の三重塔を狙《ねら》ってみたい。さらに、大文字山へ登るとスケール豊かな夕照が表現できる。

手軽には、東山ドライブウエイの将軍塚はどうだろうか。京の町の上に沈む夕日をただ見ているだけでも、心は和《なご》み、慰《なぐさ》められるだろう。洛南で、かつては安楽寿院《あんらくじゅいん》の近衛《このえ》天皇陵でもある多宝塔を間近に拝しながら、夕日を写すのは容易であったが、今はどうであろうか。塔といえば東寺《とうじ》の五重塔が思い浮かぶが、なかなかビューポイントが見つからないのが昨今である。

作例写真は、八坂塔《やさかのとう》で知られる法観寺の五重塔の相輪《そうりん》。改造した自作の超望遠レンズで撮る。遙か遠くの西山を間近に引きつける。真東から真西を見るため、水煙《すいえん》の透かし模様をかすめながら沈む夕日がくっきりと写ってくれた。時は春彼岸のころ、合掌。

法観寺（八坂塔）
東山区八坂通下河原東入八坂上町
交通「市バス」清水道停から東北へ徒歩5分

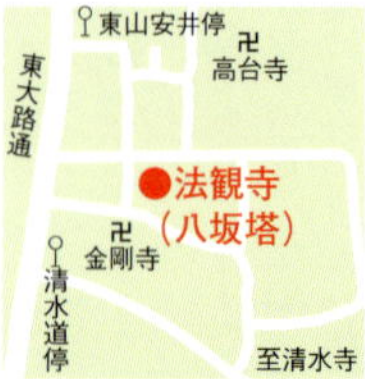

4×5判カメラ、2000ミリレンズ、ISO100カラーポジフィルム、1／2秒、f64

◉春の散歩道……椿の花（つばきのはな）

華やかに咲く神秘の花

この花に魅せられて、毎春撮影に取り組んで二十数年になる。当初は世間一般に流布されている、椿の花は首から落ちるから不吉だとか、地面に落ちても生きているように美しいのが魔性の花だとかいう中傷に、私の心も侵《おか》されていたと思う。

だから我々写真家の仲間でも、椿に深く取り組む人が少なくて、それ故《ゆえ》、現在までに椿の写真集を四冊も出版できるという幸せを得られたのかもしれない。

そしてその一般的な俗説とは逆に、椿狂いといわれるほど、熱心な椿愛好家も多くいたのは間違いなかった。京都には桃山時代から江戸中期にかけて、当時の天皇をはじめ公卿、武将、茶人たちに愛された椿の個別種が、数多く現在も健在で花を咲かせている。

しかし、何年撮ってもこの花の撮影は難しい。遠目には豊かに繁る濃い緑の葉に隠れて、花が目立たない。近接すると、アップに耐え得る美しい一輪の花がなかなか見つからない。

さて、歴史上の人物遺愛の花では、後水尾《ごみずのお》帝ゆかりの侘助椿《わびすけつばき》が金閣寺方丈前庭に、大徳寺の総見院《そうけんいん》には織田信長公の菩提《ぼだい》を弔うために豊臣秀吉公が植えた侘助椿がある。ごく小輪だが、紅白交じりの一重咲きで、華やかな中に侘びた姿ゆえ千利休が名付けたといわれる。

等持院《とうじいん》や月真院《げっしんいん》には、信長公の弟で茶人の織田有楽斎《うらくさい》の名をとった有楽《うらく》椿《つばき》。これらの椿は早咲き種で、他のものにさきがけて早春に咲く。

晩春に咲く遅咲きのものに五色八重散椿があり、椿寺として有名な地蔵院には秀吉公ゆかりの二世が、西方尼寺《さいほうじじ》には千利休遺愛の樹がある。この花は侘助椿が女王とすれば、椿の王様と称せられ、五色に咲き分ける中輪八重咲きで、散り性なのが珍重されている。

これらの銘椿《めいちん》を訪ねまわるのは椿めぐりの本道といえようか、興味は尽きない。

作例写真は等持院。有楽椿が青苔《せいたい》の上に落ち、あたりを薄紅色に染めている。

等持院
北区等持院北町
交通［市バス］竜安寺前停から東へ徒歩6分、［京福北野線］等持院駅から北へ徒歩7分

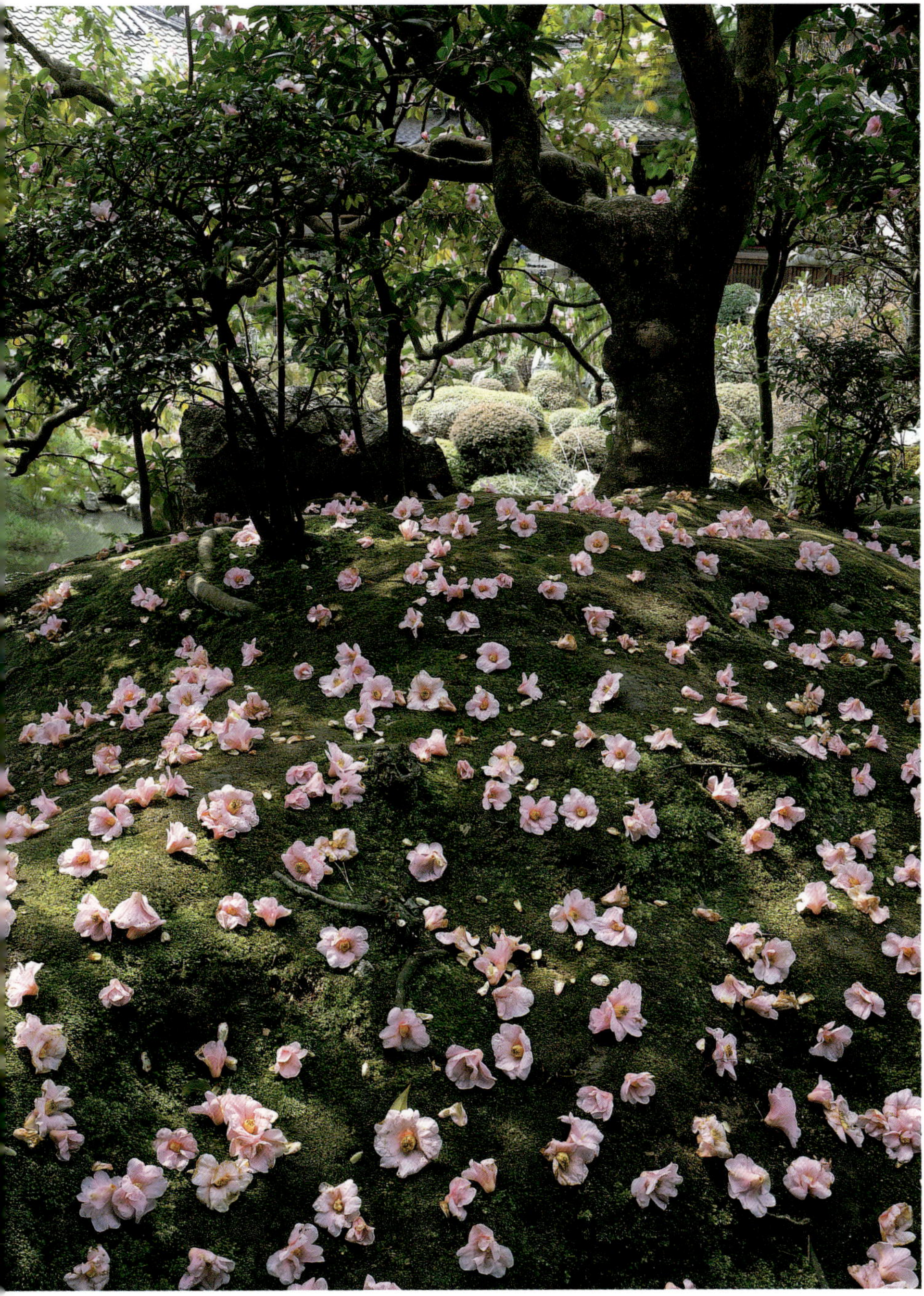

4×5判カメラ、135ミリレンズ、ISO50カラーポジフィルム、1秒、f32

6×7判カメラ、135ミリレンズ、ISO100カラーポジフィルム、4秒、f16

京の歳時記

灌佛会（かんぶつえ） 法然院

4月8日

四月八日は釈迦誕生の日。各寺院で誕生を祝う灌佛会（花まつり）が行われるが、法然院では境内を巡る稚児《ちご》行列ののち、本堂で参拝者は誕生佛に椿を献花して、甘茶を注ぐ。

●春の散歩道……枝垂桜（しだれざくら）

時の流れとともに咲き続ける

三月中旬をすぎるころ、新聞やTVで各地の桜情報が報道され始めると、今年の春もいよいよ桜の登場かと心が逸《はや》る。だが京都では、すでに桜のシーズンに入っていて、私の撮影は毎日続いている。というのも、この桜情報は「染井吉野桜」という園芸品種の一つを中心に取り上げて、早咲き種の彼岸桜の系統をほとんど無視しているからである。

古来、「糸桜《いとざくら》」として親しまれた優美な「枝垂桜」の名木が、京都には数多くある。数十年あるいは数百年もの時を経て今も健在で、今年も雅びな花を咲かせている。私の気に入っている花々を紹介しよう。

例年一番先に咲くのは「中書島《ちゅうしょじま》の弁天さん」で知られる伏見の長建寺《ちょうけんじ》。春分の日を数日すぎると、本堂を背景にもう満開時期を迎えている。続いて太閤秀吉公の醍醐の花見の宴で名高い醍《だい》醐《ご》寺、五重塔の前に咲く枝垂桜。さらに南の井手の里、地蔵院の樹齢三〇〇年を越える桜。脇の鐘楼に覆い被さる臈《ろう》たけた姿を撮りたい。山科の里、忠臣蔵で有名な大石内蔵助をまつる大石神社、岩屋寺《いわやでら》。そして毘沙門堂《びしゃもんどう》と、行く春を競うように咲き継がれてゆく。

枝垂桜といえば、まず最初に名前のあがる円山《まるやま》公園の「祇園《ぎおん》しだれ」のまわりでは、夜桜見物のために篝火《かがりび》が焚き始められる。近くの高台寺《こうだいじ》でも夜間照明の中で、方丈庭園に枝垂桜が白砂の浜に舞い降りた白鶴のように浮かび上がる。

祇園白川のほとりでは、清流にしだれる花がライトアップされる。洛中では京都御苑内、かつて近衛邸の糸桜で知られた所に桜園が復元されている。

二条城の桜林はその質、量ともに随一であろう。洛西では山越の佐野家に「祇園しだれ」の兄弟木が守られている。天龍寺では竹林を背景に十数本の大樹。洛北では上賀茂神社に古木が、さらに北へ道をとると、京北町の常《じょう》照皇寺《しょうこうじ》に「九重桜」が三五〇年の樹齢を誇って健在なのがうれしい。

作例写真は、平野神社の「魁桜《さきがけざくら》」の銘を持つ枝垂桜。夕霧のベールに覆われて、幽玄な姿が浮かびあがる。

平野神社
北区平野宮本町
交通「市バス」衣笠校前停から北へ3分、「京福北野線」北野白梅町駅から北へ10分

●春の散歩道……菜の花（なのはな）

なつかしい心の風景

「菜の花」、この花の名をつぶやく時、日本人の大人ならたいてい、思わず「朧《おぼろ》月夜」の歌を口遊《くちずさ》みたくなる。そして子供のころの春の、今はもう心象風景となってしまったなつかしい光景の数々を思いおこし、胸のふるえを覚えるだろう。それほど一面の真っ黄色な菜の花畑は、どこにでもごく普通に見られた春の風景だった。

　現在の京都市内では、菜の花漬を生産する洛北の松ケ崎あたりに見られる以外には、めったに見られないという景色になってしまったようだ。しかも菜の花漬用として、つぼみの内に摘み取られてしまう。少し前までは松ケ崎大黒天に登ると、見渡す限りの菜の花畑が、南は北大路あたり、東は高野川を通り越して比叡山の麓にまで広がっていたという。

　国語の辞書で菜の花の項を見ると、ただそっけなく油菜《あぶらな》の花、あるいは油菜とあって、正しくは菜種油を取る油菜の黄色い花のことだと知る。それなのになぜ私たちは菜の花に深い郷愁を覚えるのだろう。冬のねむりから目醒《ざ》め、春の光の中でいきものが再生する喜びを、その輝く黄金色の風景に重ねてきたからなのだろうか。

　かつて俳人たちも「菜の花や淀も桂も忘れ水」（言水《げんすい》）と京の菜の花畑を詠《よ》み、蕪村は「菜の花や月は東に日は西に」のような宇宙感に心を遊ばせた。

　さて今年も春の野では、京都に限らず日本の至る所で、菜の花にかわり西《せい》洋芥子菜《ようからしな》の黄色い花畑に出会う。この外来種の花を最近では菜の花と同列に扱って紹介するようになったのは、世の風潮として仕方ないのかもしれない。

　実際、渡月橋《とげつきょう》を背景に桂川を彩《いろど》り、あるいは伏見の酒蔵を背景に、新高瀬川ぞい一面を黄色く染める光景は奇麗で、春の京の風物詩の仲間入りを果たしている。

　作例写真は、嵯峨野にて。北嵯峨一帯を歩きまわると偶然に、かつての嵯峨野の春景色を彷彿《ほうふつ》させる花畑に出会った。さすが嵯峨野と思わせるのどかな春の昼下がり。大沢池畔の山桜そしてはるか愛宕《あたご》山を遠くに望む。

4×5判カメラ、180ミリレンズ、ISO50カラーポジフィルム、1秒、f32

4×5判カメラ、400ミリレンズ、ISO100カラーポジフィルム、1／15秒、f11

京の歳時記　4月10日

桜花祭

平野神社

古来、桜の名所として名高い平野神社で、花山《かざん》天皇の命で寛和元（九八五）年に行われた桜祭が、今日まで伝わり祭行される。

神社から花山帝陵に向かう神幸列は、ご鳳輦《ほうれん》をはじめ、花山車、織姫列、流鏑《やぶさめ》列などまことに華やかである。

恵みの雨、慈しみの雨

春の雨は気まぐれである。子供のころ、外で遊んでいて急に雨が降り出すと「春雨じゃ濡《ぬ》れて行こう」と歌舞伎の名ゼリフをまねて遊んだことがなつかしい。

京の春の雨は細く柔らかくて、優しい。ことに晩春の雨は、草や木の花を咲かせ、枝の葉を成長させる恵みの雨である。雨は草木を慈しみ、京の風景を情緒豊かに際立たせる。

白木蓮《はくもくれん》や柳の花を濡らす雨滴《うてき》は、その花を艶《つや》やかにコーティングして、見る者の心に春の息吹を伝えてくれる。

また桜に降る雨は「花の雨」と区別されて、古人は桜に降りかかる雨に特に風雅を感じた。赤芽の山桜《やまざくら》の七分咲きの花が、うつむきかげんに濡れた風情など、そっと花に近づくと、その可憐さに思わず言葉を失う。

雨の実体を写真に撮るのは難しい。雨水は透明であり、特に春雨は繊細だから映像化するのは至難のわざである。

暗い寺院の建造物などを背景に撮れば写らなくもないのだが、それでは春雨の雰囲気に似合わない。春雨に濡れた風景は情緒たっぷりに写ったとしても、雨そのものは主役にならない。アップで花や葉の上の雨粒を撮っても、水玉にしかならない。

考えたあげくに嵯峨野へ出かける。山越《やまごえ》をすぎ、広沢池のほとりの山桜を訪ねる。度々の道路拡張や護岸整備で道路ぞいの山桜は姿を消したが、東岸から北岸にかけて、一軒の葛屋《くずや》を囲むように数本の古樹が春雨に霞《かす》んでいる。

後方の山にも幾本かの山桜が点在している。そして春雨は池面に小さな丸い雨紋を数限りなく残していた。まだ冷たい雨の中、辺りには人一人なく、私はひたすら撮影に没頭した。雨はゆく季節を惜しむように、音もなく降り続ける。

作例写真は、広沢池。ビューカメラでティルト・アオリを使って手前から遠景までピントを合わせる。

広沢池
右京区嵯峨広沢町
交通［市バス］山越停から西へ徒歩6分、［市バス］・［京都バス］広沢御所ノ内町停から北へ徒歩8分

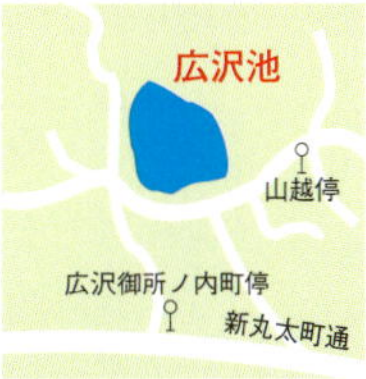

◉春の散歩道……里　桜（さとざくら）

桜ざんまいの日々を楽しむ

四月半ば桜前線の北上とともに、染井吉野桜の大群も散りはて、花の都の喧騒も落ちつき始めたこのころ、まだ桜の話かと訝《いぶか》しがられるかもしれないが、京都の桜の季節はまだまだ続いている。

低木に仕立てられ、根元近くから花を咲かせるので、「はなが低くても人が好く」と親しまれ、「お多福桜」と呼ばれる御室《おむろ》の里桜は、ちょうど満開時期であろう。他の八重咲きの洗練された優美な里桜群も、これから本番を迎える。

関西を中心にした山野に自生する、日本の桜を代表する山桜から派生し、品種改良された桜を里桜という。また伊豆七島に自生する大島桜《おおしまざくら》を母体にして、彼岸桜や山桜など他の種類の桜を交配して多種の里桜が生み出されたとも言われている。

桜の品種改良は江戸時代に大流行し、数百の園芸種が世に出るのだが、すでに京都では室町時代に、里桜の代表品種「普賢象桜《ふげんぞう》」が巷間《こうかん》で知られていた。後小松《ごこまつ》天皇が足利義満の北山殿（後の金閣寺）へ行幸の途次、千本ゑんま堂へ立ち寄り、普賢象桜を愛《め》でられたという故事が残っている。つまり京の都では六〇〇年も以前から里桜の育成が盛んに行われていたのだ。

さて、その里桜の名所を辿《たど》れば、御室の仁和寺《にんなじ》では「有明《ありあけ》」といわれる品種が代表で、一重咲きと八重咲きの見事な「お多福桜」が桜園として数百年にわたって咲き継がれている。

桜の宮として知られている平野神社には、「平野妹背《いもせ》」をはじめ、「一葉」、「手弱女《たおやめ》」そして二五〇枚もの花弁を持つ菊咲きの「突羽根《つくばね》」が四月下旬に咲く。

また珍種として、黄色い花の「鬱金《うこん》」が白峯神宮や伏見稲荷大社で、さらに変わった種の緑色の花「御衣黄《ぎょいこう》」が平野神社、雨宝院、天得院にある。それらの里桜を追って桜三昧《さくらざんまい》の贅沢《ぜいたく》な日々をすごす毎日である。

作例写真は、千本ゑんま堂の「普賢象桜」。花の中心に出る二本の細い緑葉を象の牙に見立て、象に乗った普賢菩薩にちなんで名付けられた。

千本ゑんま堂（引接寺）
上京区千本通廬山寺上ル閻魔前町
交通「市バス」乾隆校前停から北へ徒歩1分

6×7判カメラ、135ミリレンズ、ISO50カラーポジフィルム、1／4秒、f22

京の歳時記

やすらい祭

4月第2日曜日

今宮神社

京都三大奇祭の一つで、京の祭りのさきがけといわれる。平安時代の後期に、疫病の流行を鎮《しず》め無病息災を祈願して始まった。

祭りは直径二メートルの風流花傘を中心に、赤熊《しゃぐま》、黒毛鬼が太鼓や鉦《しょう》を打ち鳴らし踊る。その風流花傘の下に立つと疫病にかからないといわれ、老若男女が競って入る。

6×7判カメラ、135ミリレンズ、ISO100カラーポジフィルム、1／60秒、f8

京の歳時記
4月22日以降の日曜日　神幸祭
21日目の日曜日　還幸祭

松尾祭

松尾大社

松尾《まつのお》大社の神幸祭と還幸祭を、京童《きょうわらべ》は俗に「ウカウカお出で、トットとお帰り」と評する。神霊を乗せた六基の大神輿《みこし》がゆるやかな流れの桂川を舟渡《ふなと》御《ぎょ》するのが、この神幸祭のメインイベントである。

むせかえるような若葉の薫る中、神も人も平和な一日をすごす。

◉春の散歩道……桜散花（さくらさんか）

渓谷の花嵐に舞い飛ぶ

花の中で散る様が絵になるのは桜のみといえば過言であろうか。同時期に咲く梅や桃の撮影中に強い風が吹いて、それらの花が散る様子に思わずシャッターを切るが、必ず後で落胆する。それほどに桜の花弁の散る姿は儚《はかな》げで美しい。

江戸中期の国学者、本居宣長《もとおりのりなが》の歌に「敷島の大和心を人問はば朝日に匂ふ山桜花」という桜賛歌があるが、不幸にも近代日本において国家主義に利用されたことは、桜にとっては大変迷惑な話であった。

これは純粋に日本の桜の代表品種の山桜の端正さと散りぎわの清々《すがすが》しさが詠《よ》まれたのだと私は強調したい。

毎春、京都中の桜を追いかけているつもりが追い越されて、満開をすぎた花の下で途方にくれるころ、夜半からの雨も上がったうららとした日中、少しの風にハラハラ散る桜に出会う。この光景に『古今集』紀友則《きのとものり》の「ひさかたの光のどけき春の日にしづ心なく花の散るらむ」を思い出すのは、私ばかりではないであろう。

歌舞伎の演出の一つに桜吹雪のシーンがあるが、われわれの美意識に訴えてくるリズミカルな散花の動きに、ほろびの美しさ、時の移ろいに、見るもののあわれを強く重ね合わせてきたのであろう。

京の至る所で花は散り、方々を流れる川面を花筏《はないかだ》となって下ってゆく。その散花にわれわれは究極の美を見つけ、伝承される文化の一環として涙するのである。

作例写真は、貴船《きぶね》渓谷。散る桜の花弁を撮らえるのには、背景に単純な暗い陰が必要だ。この地は迫りくる谷間の樹林を背景に、あちこちで桜が花を咲かせている。

時折吹く花嵐を根気よく待って、舞い飛ぶ花をやや高速のシャッターで写す。

貴船渓谷

左京区鞍馬貴船町

交通「叡山電鉄鞍馬線」貴船口駅から北へ、貴船神社へ向かう途中

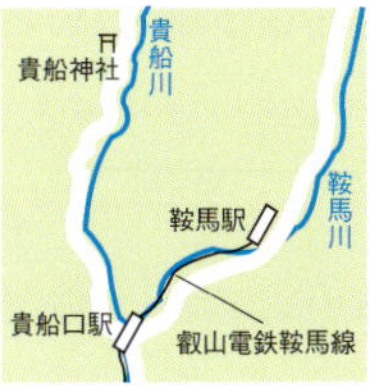

6×7判カメラ、135ミリレンズ、ISO100カラーポジフィルム、1／30秒、f11

◉春の散歩道……ヤナギ

緑に萌える若葉の美

　ヤナギという呼び名には二つの漢字がある。「柳」と書くのはシダレヤナギのこと。枝垂れずに揚起するヤナギは「楊」と書く。後者はカワヤナギやコリヤナギなどで、両者は漢字ではっきり区別されている。以前に取り上げた猫柳《ねこやなぎ》は楊である。

　四月の初めごろ、花や若葉の美しいシダレヤナギとコリヤナギを訪ねてみた。

　柳とくらべて楊という字はなじみが薄いが、唐の白楽天の「長恨歌《ちょうごんか》」のヒロイン「楊貴妃」や、日ごろなにげなく世話になっている「楊枝《ようじ》」の字を思いうかべると、なるほどと納得がいく。細くしなやかで、そよ風にもゆらぐヤナギは微妙なこの季節によく似合う。

　宋の詩人蘇東坡《そとうば》の詩に登場する「柳は緑、花は紅」という一節や、ヤナギの若葉の緑と桜の花の薄紅色の対照美をうたった平安の歌人素性《そせい》法師の「見渡せば柳桜をこきまぜて都ぞ春の錦なりける」（古今集）のように、春の色は、まず柳や楊の緑の美しさに勝るものはないと思う。

　ちょっとこだわりついでにもう一つ。シダレヤナギは遠い昔に中国から伝わった外来種である。

　楊の字を用いるコリヤナギは「柳行李《やなぎごうり》」など籠《かご》を作る材料のために、明治以後に朝鮮半島から導入されたものである。現在では近畿一円の河川のほとりで自生化し、春には川の風情を、その萌《も》える若葉で一変させている。

　両者とも日本原産のものでなく、かつて大陸から伝わったものが、京の風景を代表している。

　このような例が数多くあるところが一二〇〇年の歴史をもつ京都の面白さなのだろう。

　降り続いた春雨も止んで、祇園のお茶屋の紅殻格子《べんがらごうし》を背景に、柔らかなヤナギの花や若葉が春風に吹かれる様は、まさしく京都の春の風景の典型である。

　出町柳という地名にまでなっている鴨川の加茂大橋の大ヤナギも見落としたくない。

　作例写真は、伏見の月桂冠の酒蔵を背景に、朝の光を浴びて輝くシダレヤナギの若葉。

月桂冠酒蔵
伏見区南浜町
交通［京阪本線］中書島駅から北へ徒歩5分

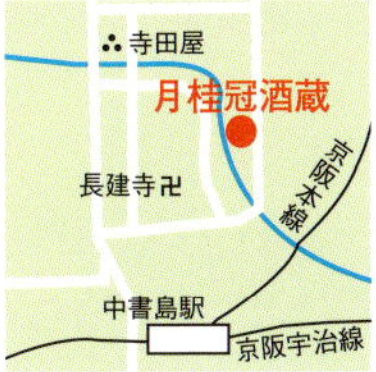

4×5判カメラ、210ミリレンズ、ISO50カラーポジフィルム、1／4秒、f16

●春の散歩道……山　吹（やまぶき）

清流に息づく祈りの花

桜の撮影に疲れた体が、ゆっくりと解《ほぐ》れてゆくような暖かい日々が続くと、山吹の花の便りがあちこちから届く。

毎春思うことだが、この時期に黄色い花が多く栽培されているのはなぜだろう。早春の満作《まんさく》にはじまり山茱萸《さんしゅゆ》、連翹《れんぎょう》、菜の花に続いて山吹など。

山吹は古くから日本人の身近で親しまれた花である。山野の川辺や湿った斜面地に自生し、若葉の出始めた樹々の緑の中に、鮮やかな黄金色の五弁花が至る所で揺れている。きっと、春を迎えた農耕民族にとっては、稲の実りを期待する祈りの花でもあったのだろう。

天平《てんぴょう》の時代に橘諸兄《たちばなのもろえ》が今の綴喜《つづき》郡井手町の玉川のほとりに大邸宅を構え、庭内を山吹の花で埋めつくしたといわれる。以後山吹と言えば井手の玉川を指すほどの名所として、後世に伝わった。

しかし時代の流れは風景をすっかり変えてしまう。今、「山城の井手の玉川水清くさやかにうつる山吹の花」と詠まれた田安宗武《たやすむねたけ》の歌のような旧姿に戻そうと、地元の人々の努力が続けられて、川の流れに枝を垂れる花が見られるようになった。

私個人としては、湿潤な北山の渓流にひっそりと咲く自然生えの花が好きで、それらの花に会いたくて雲ケ畑《くもがはた》や貴船、小野郷の方につい足が向く。また宇治の興聖寺《こうしょうじ》参道琴坂に、あるいは貴船神社参道石段に咲く花も興趣深く感じる。

作例写真は、近年山吹の宮として有名になった松尾《まつのお》大社の八重山吹。境内に三〇〇〇株以上も植栽されて参拝者を迎える。自生種の一重の山吹よりは遅咲きの園芸品種なのだが、栽培の歴史は古く平安中期、兼明《かねあきら》親王の歌、「ななへ八重はなは咲けども山吹の実のひとつだになきぞかなしき」にも登場している。

水車を好位置に構図して、境内を流れる一の井川に枝をさしかけて、乱れ咲く姿をとらえる。

松尾大社

西京区嵐山宮町

交通「阪急嵐山線」松尾駅から西へ徒歩1分、「市バス」松尾大社前停から西へ徒歩1分

●山吹まつり4月10日～5月10日

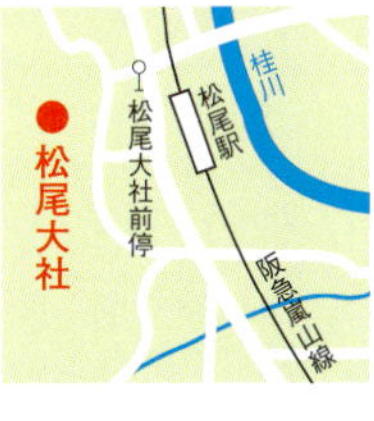

●春の散歩道……藤の花（ふじのはな）

花房が滝の流れのようにふりかかる

ひと雨ごとに山間地の新緑の美しくなるこの季節に、長く垂れ下がった花房で淡い紫色の花を咲かせる自生の藤の花の優雅さは、古来私たちを虜《とりこ》にし、その美しさは人々の心の琴線を震《ふる》わせ続けてきた。

『古事記』に「藤の花衣の話」として登場して以来、『万葉集』には藤の花が二七首も詠《よ》まれ、以後現代にいたるまで数々の文学作品、詩歌はもとより他の芸術ジャンルの作品の題材として、藤が取りあげられているのも、なるほどとうなずける。

その藤を観賞花として、身近な庭園に導入し、園芸種として育てるようになったのは、奈良から京都へ都が移ってからだといわれる。

あの『源氏物語』に登場する藤の花を彷彿《ほうふつ》させるように、京都御所には「藤壺」と呼ばれる坪庭があり、皇后宮の典雅な殿舎に囲まれて、静かに花を咲かせている。

また主に藤を家紋にした平安貴族の藤原氏ゆかりの平等院の藤棚は、花の見事さといい、樹齢の古さといい日本有数のものとして知られている。藤原氏の氏神、大原野《おおはらの》神社の社殿を彩《いろど》る園芸種や自生種の藤の花も素晴らしい。

京洛の藤の花が、春の終わりを告げながら、色あせて花を落とし始めるころ、周辺の山林では、柔らかな初夏の訪れを招く雨に、流れる煙のような霧の中で、薄ぼんやりと自生の山藤の紫の花が浮かび上がる。やがて滝の流れのように長い花房が、幾十もの水の筋となって、思わず佇《たたず》む私にふりかかってくる。そのような幸せに満ちた藤の花との出会いを、貴船渓谷や雲ケ畑などの北山山中で、毎年のように経験する。その心ときめく瞬間のために、私はこの季節に小雨が降り始めると、山間部へと車を走らせる。また西山周辺か宇治の山中で、新しい藤との出会いがあろうかと期待に胸がふくらむ。

作例写真は、貴船神社近く。若葉を茂らせる高木にまとわりつき、高く登った藤蔓から泡立つような花房を無数に咲かせる藤の花。大判カメラで克明に写し込む。

貴船神社
左京区鞍馬貴船町
交通「叡山電鉄鞍馬線」貴船口駅から北へ徒歩20分

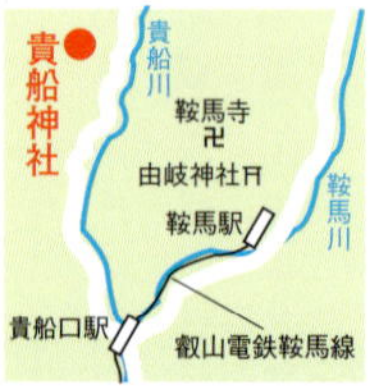

4×5判カメラ、300ミリレンズ、ISO50カラーポジフィルム、1／2秒、f22

◉春の散歩道……牡　丹（ぼたん）

晩春を彩る華麗な姿

牡丹は百花の王といわれる。中国原産の花木で、日本へは奈良朝末期に入唐した僧空海によって持ち帰られた。中国では当初その幹を燃料として薪材に、そして根の皮を薬として用いていた。

唐の時代に花の豪華さゆえに、玄宗《げんそう》皇帝が鑑賞用に珍重したことで、花の王としての位置が確定した。中国では、ただ花といえば牡丹のことであり、国花に定められていた。

当時の日本の単純で素朴な花々にくらべて、その華麗な美しさと唐の文化へのあこがれとが重なって、貴族や僧など文化人らの上流階級に好まれた。

時代を経て牡丹の大衆化は桃山・江戸期で、特に元禄年間に栽培ブームが全国に広がり、品種改良がすすみ日本の牡丹品種が確立した。

数年前のことだが、私もその花の種類や色の豊富さ、咲き方の複雑さに魅せられて、全国の牡丹名所を訪ねまわった。地方へ旅することはあまりないのだが、京都には名所が意外と少ないこともあって出かけたのである。

ちょうどそのころ、故人の写真を見て、豊臣秀吉公遺愛の牡丹が伏見の本《ほん》教寺《きょうじ》にあるのを知り、季節を待ちかねて訪ねた。だが、原木はすでに枯死しており、ゆかりの花が数株裏庭に残っていた。さぞや誇り高く絢爛《けんらん》豪華であったろうに。薄紅色の花弁を重ね合わせ少しうつむきかげんに咲く花々は、遠い日の面影を偲《しの》ばせて雨に打たれていた。往時は付近一帯に牡丹が咲き競っていたという。

探せば京都にはまだまだ名所が隠されているに違いない。長岡京市の乙訓《おとくに》寺《でら》、西山の大原野《おおはらの》神社、善峯寺《よしみねでら》。北山の常照皇寺。東山では銀閣寺、金戒光《こんかいこう》明寺《みょうじ》、西雲院《さいうんいん》など古刹《こさつ》・古社の佇《たたず》まいを背景に、華やかな陽春を演出している。

作例写真は、黒谷さんの名前で親しまれる金戒光明寺の塔頭《たっちゅう》、西雲院。法然上人ゆかりの紫雲石そばに、晩春を彩《いろど》って新緑の中に華麗な姿を浮かび上がらせている。

西雲院
左京区黒谷町
交通［市バス］岡崎神社前停から北へ徒歩10分

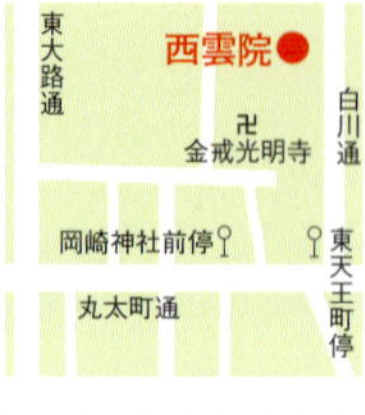

4×5判カメラ、210ミリレンズ、ISO50カラーポジフィルム、1秒、f32

夏の散歩道

MIZUNO KATSUHIKO
PHOTO ESSAY

上／鴨川
中右／養源院（東山区）
中左／送り火・大文字
下／平安神宮（左京区）

前頁／賀茂競馬・上賀茂神社（北区）

4×5判カメラ、210ミリレンズ、ISO100カラーポジフィルム、1秒、f32

◉夏の散歩道……射干（しゃが）

初夏のひとときに舞い踊る

数多くあるアヤメ類の花のなかで、初夏の到来を告げて咲き始めるのは射干であろう。

イチハツという、その名のごとく「一番お初に咲く」仲間もあるが、射干は我々の身近な庭先や山林のどこにでも咲くので、目につきやすい。自生種としても、庭園のアンダーカバーとしてもごく親しまれた存在である。

私もこの花が好きで、以前に住んでいた山小屋の傾斜地一面に植え付けて、花期にはその白い花群を楽しみ、冬枯れの寂しい季節には、その青々とした葉に心をなごませてもらった。

山間地に住み始めたころ、削《そ》ぎ落とされた裏山の地肌が痛ましく、借景《しゃっけい》も兼ねようと、知り合いの神社さんに無心して、百株ばかりを引っこ抜いてきたのだ。

教えられたとおり、葉の半分を切り落とし、地面に押しつけ土をかけておいたところ、二年後には千株以上に育って、山肌をしっかり覆ってくれた。

そして毎年初夏のころには、白地に紫色を注《さ》した真に清楚な花が群がり、その様子は、まさに洋名アイリス・ジャポニカ「日本の虹」の呼び名にふさわしかった。その土地を手放したのち、初夏になると、自分の身勝手から残してきた射干の花をおもって、なつかしさとほろにがい記憶がよみがえる。また、この花に花言葉として「反抗」が与えられているのも私には好ましい。

昼なお暗い陰湿ともいえる杉林の中を、初夏のひととき、その清々《すがすが》しい花群で明るくしてくれるこの花に、ふさわしい形容と言えまいか。良い意味での「反抗」という言葉に賛同する。その花に、そっと近付き覗《のぞ》き込むと、他のアヤメ科の杜若《かきつばた》や花菖蒲などの豪華な花にくらべても、小型ではあるが、勝《まさ》りはすれ劣らない贅沢《ぜいたく》な作りの花姿を持ち合わせている。別名「胡蝶花《こちょうか》」といわれ、林間に群れをなして舞い踊っているように見える。

作例写真は、貴船渓谷（→P.39）。清流を背景に撮る。

◉夏の散歩道……駈　馬（かけうま）

薫風を切って、疾駆する

五月に馬を走らせる祭事が多いのはなぜだろうか。下鴨神社では三日に流《や》鏑《ぶさめ》馬神事、そして十五日の葵祭《あおいまつり》当日に走馬の儀が催される。五日の上賀茂神社の競馬会神事は、古来〃賀茂競馬〃として有名で、同日に藤森《ふじのもり》神社の勇壮な駈馬《かけうま》神事も行われる。

五月五日の端午の節句は、男の子のいる家庭で五月人形を飾って、子供の成長を願い祝うだけのものと思われがちだが、本来は「五日の節会」といって、奈良朝時代から朝廷で行われた端《たん》午《ご》の行事で、天皇に災厄を祓うため菖《しょう》蒲《ぶ》（薬草）を献じ、騎射が行われたのに由来する。

平安期を経て武士の時代となり、菖蒲と同じ音の〃尚武《しょうぶ》〃、そしてさらに〃勝負〃と男の節句へと変遷し、一般社会に広がったのである。

もう一方で五月は御霊会《ごりょうえ》の季節で、これは貞観五（八六三）年五月二十日に神泉苑《しんせんえん》で、崇道《すどう》天皇（早良《さわら》親王）をはじめ無実の罪で非業の死を遂げた六人の霊をなぐさめる御霊祓《ばら》いが行われたのが最初だという。その早良親王を祭神の一つと祀る藤森神社では、怨霊《おんりょう》を鎮めるために平安期より競馬が行われていたといわれている。

とまれ、五月晴れの空の下、薫風を切って疾駆する馬の姿を眼前で見物でき、撮影する幸せを単純に喜びたい。

作例写真は、藤森神社の駈馬。かつて深草で生まれ育った八〇歳をとうにすぎた私の義母の話では、当社より伏見街道を一日かけて、深草の町を駆け抜け、道筋の家々では、表の格子を外し金屏風を立て武具やいけばなを飾り、客に料理をふるまって競馬見物を楽しんだという。

現在は駈馬保存会のメンバーが、当社の参道馬場を五日の午後一時と三時の二度、「藤下り」「立乗り」「さか立ち」などの曲乗りの技を披露する。乗り手の果敢な姿と馬の躍動美をスローシャッターで追い写す。その臨場感が表現できただろうか。

藤森神社
伏見区深草鳥居崎町
交通［京阪本線］墨染駅から東北へ徒歩5分

6×7判カメラ、75ミリレンズ、ISO100カラーポジフィルム、1／15秒、f11

京の歳時記

葵祭

下鴨神社・上賀茂神社　5月15日

単に祭りといえば、葵祭をさすほど歴史は古い。平安京の時代は朝廷の政務の一つで、重要な国家的な行事であった。朝廷が、賀茂の神に年に一度勅使を遣《つか》わす、いわゆる勅祭として行われ、現代もなお厳《おごそ》かに続けられている。その勅使行列に参加、また見物の貴族や庶民が集った様子が物語として語り継がれている。本来は賀茂祭といわれたのが葵祭と定着したのは、参列者が、みな葵と桂の葉をかざしたからである。さて現代の祭の中心は花で飾られた牛車と雅やかな十二単《じゅうにひとえ》姿の斎王代《さいおうだい》で、王朝風俗の行列は、正しく京の都の優雅さを再現してあまりある。

◉夏の散歩道……杜　若（かきつばた）

やわらかな雨に打たれる濃紫

夜明けを待ちかねて、上賀茂の大田神社へ向かう。「神山《こうやま》や大田の沢のかきつばたふかきたのみは色にみゆらむ」と平安時代の歌人藤原俊成《しゅんぜい》は詠《よ》んだ。

この杜若群落（国の天然記念物）は、かつての大湿原より小さくなったとはいえ、六〇〇坪ほどの池一面に茂った若緑の葉の中に、点々と無数の紫の花が、参詣者を迎える。

薄暗がりのなかで、これはと思う真紫の杜若の蕾《つぼみ》の一つにレンズの焦点を合わせてじっと待つ。東の空がクリーム色に染まり始めると、小さな蕾はかすかにほころび始める。小鳥たちのさえずりが聞こえだす。

輝く朝陽のなかで音もなく杜若の花が出来上がっていく。

花の名の由来はカキツケバナ、すなわち「掻付花」で、古代、優雅な紫色を衣服に染める際に、今日のような染色技術がなく、花を直接に摺《す》りつけたことからその名が付いたという。

別名「貌好花《かおよばな》」は、この花の美しさを強調した名前である。

また花姿が飛ぶツバメを連想することから「燕子花」とも書かれる。呼び名が多いのは、よほど人々に愛されたからであろう。

お隣にある深泥ケ池《みどろがいけ》では、蕪村の句に「今朝見れば白きも咲けり杜若」とあるように、白一色の杜若も所々に咲いている。広い自然たっぷりの湿原を巡ってさがし出すのは実に楽しい。

他の名所を訪ねると、勧修寺《かじゅうじ》の氷室《ひむろ》池庭園、平安神宮の神苑、そして梅宮《うめのみや》大社の池苑では野生種の紫花に混じって幾種類かの園芸種の雅《みやび》やかな花々が、池面に王朝の時代を偲《しの》ばせる姿を映している。

また無鄰庵《むりんあん》や南禅寺《なんぜんじ》山内の南禅院、洛北では大原の実光院《じっこういん》など、池や水の流れをともなった庭園の一隅で、風雅な雰囲気を醸《かも》し出している。

作例写真は、大田の沢にて。五月のやわらかな雨に打たれて、濃《こ》い紫の花の色はさらに冴《さ》える。

大田神社
北区上賀茂本山
交通［市バス］上賀茂神社前停から東へ徒歩8分

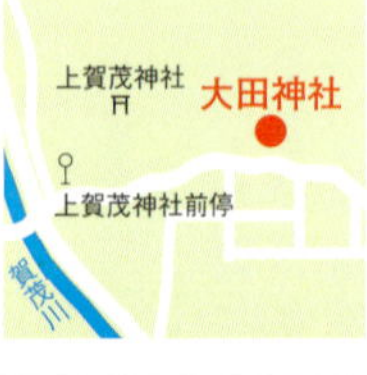

4×5判カメラ、210ミリレンズ、ISO50カラーポジフィルム、1／2秒、f32

6×7判カメラ、135ミリレンズ、ISO100カラーポジフィルム、1／8秒、f22

京の歳時記　5月18日

御霊祭（ごりょうさい）

上・下御霊神社

平安初期、怨霊を慰め、悪疫の流行を鎮めるために行われた御霊会《ごりょうえ》が御霊祭の始まりである。十八日の還幸祭では神輿《みこし》を中心に剣鉾の行列が、氏子町内を巡行する。

◉夏の散歩道……躑躅（つつじ）

新緑に映える乙女の花

躑躅類の花は日本中の身近な野山のどこにでも自生している。低木で鮮やかな紅色を主体にした花ゆえに、古来詩歌で乙女にたとえられ親しまれてきた。

早春から夏までの長い間にわたり自生種、栽培種を含め次々と咲き継ぐ。季節を代表する花と言っても過言ではないだろう。早春のまだ冬木ばかりの山中にあって、葉の出る前に淡紅色の花を咲かせるミツバツツジに始まり、陽春には紅の花を群がり咲かせるキリシマツツジは、長岡天満宮八条池畔に樹齢二〇〇年といわれるものが、五〇本以上も残っている。

晩春には、栽培種のヒラドツツジやクルメツツジ系統の色とりどりの花が蹴上《けあげ》の浄水場をはじめ、市内の至る所で華やかに咲く。

来る日も来る日も花を追いかけて、その派手さにちょっぴり食傷して逃げ出したくなると、私の足は洛外の山野に向いてしまう。

すると新緑の燃え立つ樹間に、ポッポッと濃い紅のヤマツツジや萼《がく》に触れると、搗《つ》きたての餅のようにねばねばするモチツツジのごく淡い紅色がほどよく交って、目と心をなごませてくれるのだ。

やがて五月の半ば、庭園の築山や枯山水の刈込みに植栽されたサツキツツジが、深緑の葉の中に点々と紅の花を咲かせて、六月の梅雨のころ、この花たちの季節は終わる。

五月《さつき》は洛東では南禅寺方丈庭園、安楽寺、金福寺《こんぷくじ》、詩仙堂《しせんどう》、圓光寺《えんこうじ》が美しく、洛西では松尾大社神苑、善峯寺が見事である。

作例写真は、嵐山（→P.116）。五月の第三日曜日に催される車折《くるまざき》神社の三《み》舟《ふね》祭の日。芸能の神として崇《あが》められる祭神を乗せた御座船を中心に、詩歌、舞踊、献花など諸芸の船数十艘が、大《おお》堰川《いがわ》を舟遊する。カメラアングルを求めて登った亀山公園への山道の途次に、初夏の陽を浴びたモチツツジの一《ひと》叢《むら》を見つける。後方に一艘の舟をアウトフォーカスにぼかして、京都らしい風雅な雰囲気を盛り上げる。

車折神社
右京区嵯峨朝日町
交通［京福嵐山線］車折駅すぐ、［市バス］・［京都バス］車折神社前停すぐ

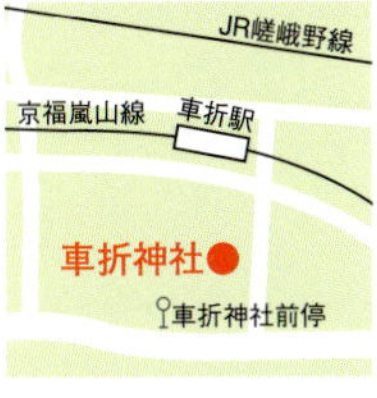

4×5判カメラ、120ミリレンズ、ISO50カラーポジフィルム、1秒、f32

◉夏の散歩道……五　月（さつき）

優しさに満ちた癒しの花

五月は正しくはサツキツツジと言い、躑躅《つつじ》の仲間で旧暦の五月に美しく咲くので、その名がついた。

寺院の宗教性、修行道場としての精神性を重んじるところでは、華やかな花を咲かす草木を嫌って庭園が造られている場合が多い。そこでは、つつましく咲く花が、庭園の脇役としてわずかに植栽されているのが常だ。だが、そんな中にあって、サツキツツジの刈り込みだけは特別で、特に禅宗寺院の枯山水庭園に、積極的にデザインされている。

名庭園と呼ばれているところの主要な石組みや築山、そして池苑の護岸石組みなどの荒々しさをなごませるように、岩石の周りに樹木を組み合わせるのには五月が格好の材料である。石に絡《から》ませて、高くあるいは低く刈り込みやすく、常緑でしかも密集して小葉を付ける五月は、庭園の名脇役と言える。また近年の風潮にのって、かつての禁欲的で無彩色な庭園から、観光者の目を楽しませる花の咲く庭園が、好まれるようになった。

そして積極的に五月の花を咲かせ、賞《め》でようという庭園が、数多く見られるようになってきた。そこでは刈り込み時に、花芽を摘《つ》まぬように手入れされるため、主役の石組みの力強さを削《そ》いでしまう場合があるのは少し残念だが……。

さて五月の下旬から六月の半ばにかけて、五月を主役にした名庭を訪ねてみよう。石川丈山《じょうざん》翁の隠栖地《いんせいち》詩仙堂の縁側と鴨居《かもい》と柱によって額縁された五月の庭は優しさに満ちて、見る者の心をおだやかに癒《いや》してくれる。西賀茂の正伝寺《しょうでんじ》庭園は石の代わりに五月の刈り込みのみで造られ、「獅子の児渡し」と別称される枯山水庭園。金福寺では低く刈り込まれた五月が庭全体を覆い、そして斜面を這《は》い登って豊かな山景を表現している。

作例写真は、詩仙堂。書院から庭へ下りると、五月が生垣状になった曲折する小径が、花の庭園へと誘ってくれる。

詩仙堂
左京区一乗寺門口町
交通［市バス］一乗寺下り松町停から東へ徒歩8分、［叡山電鉄叡山線］一乗寺駅から東へ徒歩13分

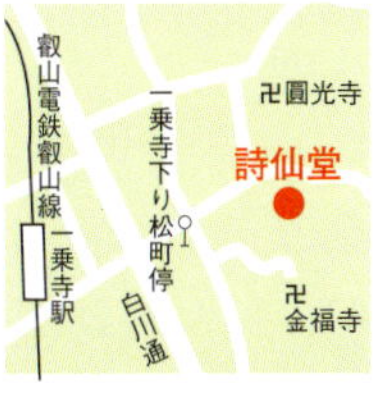

◉夏の散歩道……睡　蓮（すいれん）

「睡る蓮」──気高さと優雅さと

睡蓮の名は同じ水生植物の蓮《はす》に似て、別名、未草《ひつじぐさ》の由来〝未《ひつじ》の刻《こく》〟、すなわち午後二時ごろに咲き、一日の大半は花を閉じているため「睡《ねむ》る蓮」と名付けられたという。日本での自生種は白色小輪の花を咲かす、いわゆる和名、未草である。

現在日本中で見られる多彩な睡蓮は、明治二八年に欧米から導入されたという。その名のように午後咲きのものが大半だが、夕方に咲き、朝閉じる夜咲きのものもある。種類や咲く時間がまちまちなため、蓮とも混同されやすく、午前中が花の見頃とも思われている。

とまれ蒸し暑くなり始めた京都にあって、涼しさを求めて水辺を訪ねるとき、池苑で気高く少し物憂げに咲く白花を、また炎天の下、燃えるように咲く黄や赤の花を楽しみたい。

寺院庭園にこの花が多いのは、佛の住まう極楽浄土の世界に咲く蓮の花にみたてたからと思われる。

またフランスの印象派を代表する画家モネが、自邸に日本庭園を作り、池に睡蓮の花を咲かせ錦鯉を泳がせた絵を沢山描いたことで知られている。しかし日本にとりどりの睡蓮の花が導入された年代を考えると、鯉との組み合わせはモネ独自の発想だったのかと思われるが、そのコンビネーション美は抜群である。

花の名所としては平安神宮神苑に黄や赤い花が、龍安寺の鏡容池《きょうようち》にも多彩な花色のものが咲く。嵯峨野の後宇多《ごうだ》天皇陵や大沢池、相国寺《しょうこくじ》境内、京都御苑内の旧九条家庭園、そして詩仙堂や東本願寺《ひがしほんがんじ》の堀割には白花が美しい。

作例写真は、山科《やましな》の里、勧修寺《かじゅうじ》・氷《ひ》室《むろ》池。平安時代に造園された広大な池泉舟遊式庭園。かつて池苑に舟を浮かべ遊んだ公達《きんだち》に思いを馳《は》せながら、優雅に咲く睡蓮にカメラを向ける。馬蹄《ばてい》型の葉の間から鯉が姿を現す。たゆとう泳ぐ姿と花とを構図よく撮らえようと辛抱強く待つ。初夏の雨がポツリポツリと降り始めた。

勧修寺
山科区観修寺仁王堂町
交通「市営地下鉄東西線」
小野駅から西へ徒歩10分

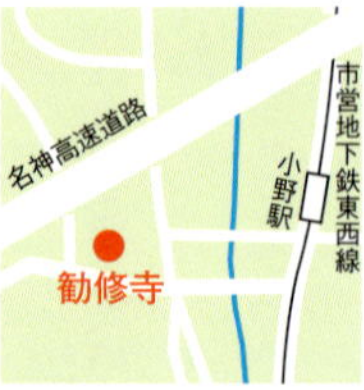

6×7判カメラ、200ミリレンズ、ISO100カラーポジフィルム、1／60秒、f8

京の歳時記

貴船祭

6月1日

貴船神社

御更祭といわれ、貴船は京都の最重要な水源地であるところから、水の恵みを祈念して祭行される。神輿は氏子にかつがれ、若葉の新緑したたる貴船渓谷を奥宮へ練り進む。かつて参拝客が、付近の山の虎杖《いたどり》を摘み帰ったので、虎杖祭とも呼ばれる。

●夏の散歩道……花菖蒲（はなしょうぶ）

雨粒を集めて誇らしげに咲き競う

夜半からの激しい雨音も明け方からはおさまった。まるで絹糸のような雨が、空と地を結ぶように降りてくる、今日のような朝こそ花菖蒲の撮影にピッタリの条件だ。昨夜に準備しておいた4×5インチ判のフィルムのホルダーを急いでアルミケースに詰め込む。

昨今使い捨てのパック・ホルダーなど連写できる便利なフィルム用品が製品化されたが、いろいろ使ってみてやはり私には、表裏に一枚ずつフィルムをいれる旧来のものが性に合って一番よい。ホルダーの数が増えて重くなったケースの重量感は、そのまま被写体への期待の重さにつながってゆく。

アヤメ科の花の中で、原種の一つのノハナショウブは、江戸時代半ばごろから園芸品種として改良が重ねられ、青や紫色を基調にした優雅でそして豪華な大輪の花形が作り出された。古来アヤメ科を代表していた杜若《かきつばた》の名声を凌駕《りょうが》するまでになり、一般に菖蒲と言えば花菖蒲を指すまでになった。

さて京都の名園中の池苑や曲水の汀《みぎわ》に群れ咲く様は、流れの曲線に花菖蒲の真緑の垂直の葉、花姿の複雑な造形が絡まり合う素晴らしい風景である。

駆け込むように洛西の法金剛院《ほうこんごういん》庭園に着いたころには、雨はもう細い霧にかわって、辺りはうす緑のもやに覆われていた。そして花菖蒲の群生が、微かに発光しているように私には見えた。

雨粒を拾い集めて誇らしげに咲き競っている花々に対峙して、身がひきしまる。我にかえってカメラをセットし、次々とシャッターを切る。誰にせかされているわけではない。花の余りの美しさが、私を慌てさせる。

雨がまた戻ってきたようだ。落ちついて、やっと目に入りだした池苑の背後の双ケ《ならびが》丘《おか》の山から雲が湧き出している。

花菖蒲の名所は、龍安寺鏡容池《きょうようち》、平安神宮、勧修寺《かじゅうじ》などの庭園。北嵯峨や京北町《けいほくちょう》の上黒田、美山町《みやまちょう》などでは早《さ》苗田《なえだ》を背景に鄙《ひな》にはまれなという風情で咲いている。

作例写真は、法金剛院にて。

法金剛院
右京区花園扇野町
交通［JR嵯峨野線］花園駅から西へ徒歩1分

4×5判カメラ、90ミリレンズ、ISO50カラーポジフィルム、1／4秒、f22

京の歳時記　6月5日

県（あがた）祭　宇治県神社

暗闇祭ともいわれ、深夜に灯火を消して行われる奇祭。

奉書紙約一五〇〇枚を切って作った大御幣は、梵天《ぼんてん》と呼ばれ、それを神輿に仕立てて、数十人の若者がかつぎ、お旅所《たびしょ》から町内を巡り県神社へ向かう。

到着後、神霊を移して、お旅所へ戻る。その途次の梵天回しの勇壮さが面白い。

6×7判カメラ、45ミリレンズ、ISO50カラーポジフィルム、1／2秒、f22

京の歳時記　6月10日

御田植祭

伏見稲荷大社

境内神田で、雅楽が奏され、四人の神楽女《かぐらめ》の優雅な御田舞が舞われる中、茜《あかね》だすきに菅笠《すげがさ》姿の早乙女《さおとめ》たちによって、早苗が植えられる。

古式豊かな、かつて平安王朝の時代の、われわれの祖先の、のどかな田植え行事が偲《しの》ばれて床《ゆか》しい。

◉夏の散歩道……庭の苔（にわのこけ）

癒しの空間

見るともなく庭を眺めていると、気《き》紛《まぐ》れな五月の風が、粗樫《あらかし》の新緑の枝をゆすっている。上の方の枝は、南の方角に向かって戦《そよ》いでいるのに、下の枝は北に向かって流れている。中ほどの枝はとまどって、渦を捲《ま》いている。

そんな長閑《のどか》な、ちょっと退屈な風薫る季節が終わりに近づく。そして梅雨の長雨がやって来る。乾燥期から多湿期へ、目まぐるしく気候が移る。

草木は若緑から真緑へ、そして庭園の苔《こけ》類も梅雨の水の恵みを受けてよみがえる。瑞々《みずみず》しい青苔《せいたい》は、庭前に佇む人の心や目を優しく癒してくれることだろう。

また、うるおった無数の蘚苔《せんたい》植物が醸《かも》し出すほのかな湿った香りは、えも言えぬ柔らかさで人の身体を包みこみ、疲れを取り去ってくれる。それはなつかしくて少しせつない遠い日の景色であり、暮らしの匂いでもある。

さて京の庭には、苔を主役にまで昇華したものと、点景として利用したものがある。苔寺《こけでら》とまで別称のつけられた西芳寺《さいほうじ》の庭園は、夢窓《むそう》国師の作庭として名高いが、広大な庭を埋めつくす百種以上の美しい苔が、主役となっている。

同様に洛北の円通寺《えんつうじ》の枯山水庭園においても、本来は白砂の上に五〇個ほどの石が組まれていただけだが、白砂はいつしか全面的に杉苔に変わり、その見事な苔が庭石の美を圧するまでになっている。このように、時の変化が苔を庭の主役に昇華した例が、数多く存在する。名庭といわれる三千院庭園や東海庵西庭など枚挙《まいきょ》にいとまがない。

また茶庭としての露地や町家の坪庭などでは、地面のアンダーカバーとして、さりげなく庭全体を覆って、庭のうるおいを演出している。

作例写真は、大徳寺山内の龍源院《りょうげんいん》にて。方丈北庭の八〇坪ほどの面積に、杉苔がまぶしいまでに広がっている。その緑の海原が、中央の石組みを力強く引き立たせて、観賞者の心を打つ。

龍源院
北区紫野大徳寺町
交通［市バス］大徳寺前停すぐ

6×7判カメラ、45ミリレンズ、ISO100カラーポジフィルム、1／4秒、f22

◉夏の散歩道……紫陽花（あじさい）

「真の藍色の花が集まったもの」…

気温も高く雨の日が多いせいか、もう紫陽花の花が咲き始めた。

紫陽花は日本原産の花である。近年ヨーロッパやアメリカから逆輸入された華やかな彩りのアジサイが流行しているが、これらは一八世紀末に日本からヨーロッパへ渡り、品種改良されたものといわれる。

わが国における栽培の歴史は古く、万葉のころすでに、原種のガクアジサイから手毬《てまり》状に装飾花をまるく咲かせる紫陽花が作り出されていた。その名の由来は「集真藍《あづさい》」の字が示すごとく「真の藍《あい》色の花が集まったもの」。

一般に使われている「紫陽花」は中国の唐代の詩人白楽天が、紫色に咲く美しい山花を紫陽花と名づけたという故実によるが、当時中国に紫陽花が導入されていたかどうか疑わしく、後に日本人が白楽天の命名にあこがれて間違って使用したと思われる。

ともあれ、長雨をものともせず長期間咲き続ける紫陽花は、まさに梅雨の花。京都雨情を写真表現するのに欠かせない花である。

京都周辺の山々に分け入ると、林の陰に装飾花を持たない両性花ばかりのつつましやかなコアジサイが、渓流沿いには、栽培種化したガクアジサイに似ているが、原生種の凛《りん》とした気品をもったヤマアジサイがあちこちに咲いている。これらの自然生えの花の風情が好もしく、私はしばしば北山の山中に足を向ける。小雨の渓谷の緑の樹間で、優しい花に出会ったとき、写真家冥利《みょうり》につきる。

紫陽花は栽培がしやすいので最近名所が増え、伏見の藤森《ふじのもり》神社、大原の三千院など。そして宇治の三室戸寺《みむろとじ》は、ガクアジサイも見事で夜間照明もされる。

作例写真は、茅葺き農家群で全国に知られるようになった美山町《みやまちょう》。当地は市中より気温が低く開花時期は遅いが、こちらも新名所として推薦したい。鄙《ひな》びた風情を撮り込もうと広角レンズで迫り、背景に山里らしく遠山を入れる。

三千院
左京区大原来迎院町
交通［京都バス］大原停から東へ徒歩8分

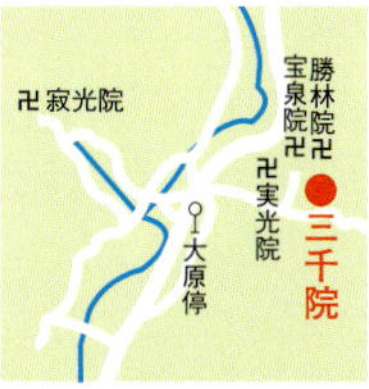

4×5判カメラ、105ミリレンズ、ISO100カラーポジフィルム、2秒、f32

◉夏の散歩道……沙羅の木（しゃらのき）

雨に打たれるほど美しい

梅雨の時期を代表する花は沙羅だと思う。紫陽花《あじさい》もそうだが、雨が多いほど長く続くほど、その花は美しく、またたくさん花を付ける。空梅雨の年などは、期待に反してまったく花を咲かせないこともある。それほど雨に似合って清楚で雅趣に富んだ花である。

沙羅の花を見たことがない人も「祇《ぎ》園精舎《おんしょうじゃ》の鐘のこゑ諸行無情のひびきあり沙羅双樹の花のいろ盛者必衰のことわりをあらはす」という『平家物語』の冒頭文を思い出すだろう。

佛教の開祖釈迦牟尼《しゃかむに》が、沙羅の林の中で入滅し、そのとき沙羅の木の二本が一樹となり、黄色い花が白色に転じたという故実によって、寺院に多く植栽され、沙羅双樹として伝わっている。

水を差すようだが、熱帯の国インドに自生するシャラは、わが国では育成しにくく、よく似た花木としてナツツバキを当てたのである。私は椿《つばき》の花を追って二十数年間も写真を撮り続けてきたので、椿の木に代わりちょっと一言申し述べたかったのである。

しかしいわゆる椿とは違い、沙羅の木は、落葉樹で花は一日花である。朝に咲き夕に落下する風情に日本人は、〝もののあわれ〟を感じ、その姿に人生を投影してきたのだと思う。また樹形のよさや幹肌の独得の美しさから、昨今では洋風建築に似合うため、庭木としても多用され、街を歩くと至る所で花が見られるのは楽しい。

さて京都での花の名所としては、大仙院《だいせんいん》の方丈南庭のものが古来有名で、また大原の宝泉院《ほうせんいん》では、池苑の水面に落花を浮かべている。嵯峨の鹿王院《ろくおういん》では、一面の青苔上の落花がえも言えず美しく、真如堂《しんにょどう》や達磨《だるま》寺として有名な法輪寺《ほうりんじ》も訪ねてみたい。また伏見稲荷大社のお山めぐりの参道では、ヒメシャラの群生に出会えるかもしれない。

作例写真は、妙心寺山内の東林院《とういんいん》。梅雨の雨に打たれて庭一面に白い花を落としている。庭園は「沙羅をめでる会」として六月十五日から七月五日の間、特別公開される。

東林院
右京区花園妙心寺町
交通［市バス］妙心寺前停から北東へ徒歩5分、妙心寺北門前停から南へ徒歩10分、［京福北野線］妙心寺駅から南東へ徒歩15分

4×5カメラ、180ミリレンズ、ISO100カラーポジフィルム、1秒、f22

◉夏の散歩道……夏越祓・茅の輪（なごしのはらえ・ちのわ）

童心にかえる京の夏行事

京都の神社の各所で六月三十日に行われる夏越祓は、かつて宮中の朱雀門で百官が集い、万民の犯した罪を祓う大祓《おおはらえ》の神事に由来する。この大祓は、神社に受け継がれ夏越祓と名を変えて、一般の人々が参加する京の重要な季節行事の一つとなっている。

六月二十五日ごろから社頭に茅萱《ちがや》を編んで作られた大きな茅の輪が設《しつら》えられる。参拝者は「水無月《みなづき》の夏越祓する人は千歳《ちとせ》の命延《の》ぶというなり」と唱えながら、ちょっと童心に帰って輪をくぐっている。

これもただくぐるのではなく、決まりがあって、まずくぐり、左廻りに戻って、次は右廻り、もう一度左廻りにくぐる。すなわち「8」の字を描いて三度くぐるのが正式と言われる。

この半年間の罪やけがれを神が祓って下さるのだから、忙しい時間を少し割《さ》き、梅雨の晴れ間の宵などに社前に詣でて、ゆっくりとした時間をすごすのはとてもよいものである。

これも京都にいてこそと、私も毎年家族連れだって、この歌を唱えるのを楽しみにしている。このようなのどかな茅の輪くぐりができる所が大半だが、北野天満宮では二十五日の早朝に設えられた茅の輪は、昼ごろまでには、参拝人によってむしりとられて竹の骨だけになってしまう。抜き取った茅で小さな輪を作り、各家の戸口に吊り下げて災厄除けにするからである。

また一か月遅れの七月三十一日に行われる伏見の御香宮《ごこうのみや》神社では、智恵の輪くぐりといわれる。これは茅と同音の智が訛《なま》ったもので、茅萱で「知恵の輪」を作り、子供の頭にかざすと智恵が授かると信仰されている。深夜の神事の後、子供たちが我先に茅萱を抜き取り、頭に巻いている光景は面白い。

六月三十日には上賀茂神社、貴船神社、白峯《しらみね》神宮、ゑびす神社、市比売《いちひめ》神社などで催される。

作例写真は、上京区の白峯神宮。拝殿を背景にシンメトリックな造形美を狙った。

白峯神宮
上京区今出川通堀川東入飛鳥井町
交通［市バス］堀川今出川停すぐ、［市営地下鉄］今出川駅から西へ徒歩10分、

◉夏の散歩道……七　夕（たなばた）

町家の軒に見る笹飾り

七夕は陰暦七月七日に行われた日本古来の「棚機《たなばた》つ女《め》」信仰と「乞巧奠《きこうでん》」と呼ばれる中国の行事とが、習合した星祭である。中国では年に一度、天《あま》の川に出会う牽牛《けんぎゅう》星と織女《しょくじょ》星とが鵲《かささぎ》の橋を渡るという恋物語が発展し、乞巧奠行事となった。

本来は両星の出会いは農桑《のうそう》の時季を知る重要な風習であったが、いつしか儀式化し、織女星が代表する機織り、手芸の上達を祈願する祭りに姿を変えるようになった。

梅雨明けが近い夕べ、軒端《のきば》に吊るされた笹飾りの下で、天の川と二つの星が中天にかかるのを心待ちにした遠い日。本当に鵲が両星のために、橋をかけ渡してくれるだろうかと心配した子供のころがなつかしい。

江戸時代、上方《かみがた》の寺子屋で手習いをする子供たちが、青笹に歌を書いた色紙を付け、文芸上達を願ったものが笹飾りの始まりだという。

また七の数字にこだわって、七種（歌・鞠・碁・花・貝覆・楊弓・香）の遊芸上達を願って七夕祭が広く行われてきた。

今、京都で一般に見られる行事では、七日の白峯《しらみね》神宮の蹴鞠《けまり》と小町踊。北野天満宮では御手洗《みたらし》祭りとして、学問の神様菅原道真公遺愛の硯《すずり》をはじめ、文房具を神前に飾り、そして境内に設《しつら》えた七夕笹の前で、少女たちの遊戯が奉納される。

また八月には山崎聖天《やまざきしょうてん》さんで知られる観音寺《かんのんじ》で、乞巧奠が古式にのっとり催され、乞巧棚の前で和歌が優雅に奉納される。かつて宮中で行われた七夕行事が現代に伝わって、垣間みられるのも京都の歴史の古さなのだろう。

作例写真は、機女星や棚機つ女と縁の深い織物の町西陣《にしじん》。紅殻格子《べんがらごうし》の町家の軒に、笹飾りを見つける。

カメラを三脚にセットし、風にそよぐ短冊をスローシャッターでブラして、七夕の宵の風情を写し込む。

妙音山観音寺

乙訓郡大山崎町字大山崎小字白味才

交通［JR東海道本線］山崎駅・［阪急京都線］大山崎駅から北東へ徒歩15分

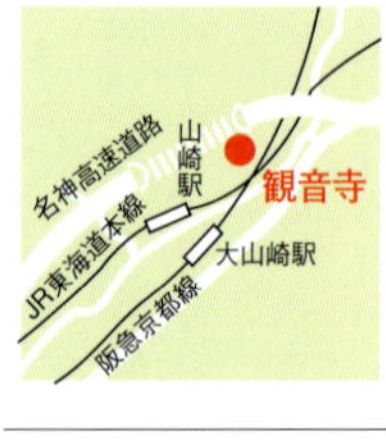

6×7判カメラ、75ミリシフトレンズ、ISO100カラーポジフィルム、1／4秒、f16

6×7判カメラ、75ミリシフトレンズ、ISO100カラーポジフィルム、1／4秒、f32

◉夏の散歩道……町角植物園（まちかどしょくぶつえん）

ぶらりと町角探検隊

少し閑ができて、仕事にも飽きると35ミリカメラを肩に、ぶらっと町へ出かける。いわゆるカメラ散歩である。紅殻格子《べんがらごうし》の町家の軒先などに置かれた、主に鉢植えの花々に目がゆく。それらの景色を町角植物園と私は勝手に呼んでいる。

それにしても最近紅殻格子の町家の数が、めっきり減ったと思う。

京の町家の現状を調査している某機関の発表結果では、市内の木造家屋の大半が、町家として健在であるとのことだったが……。私はとてもそのような楽観論者にはなれない。

危機意識がなくては、古びて修理箇所の多い町家を、これからも守ってゆけるはずがないと私は常々思っている。

現存する昭和初期ごろまでに建造された木造家屋のほとんどが、町家であることは、調査をするまでもなく、市内で生活する者ならば誰でも知っている。

問題は町家保存の難しさと、これから建設される家屋に京の町家建築の技術と意匠を継承した木造建築が少なくなってゆくという二点ではないだろうか。

さて本題のカメラ散歩に戻ろう。町家の軒先に家人の丹精込めた草木の花が整然と置かれて、道行く人の目や心を楽しませている風景は、実に微笑ましくありがたいことである。

家々の花を巡り、ある時は歩いて、ある時は自転車で走っていると、もう一軒、もう一軒とさがすのが実に楽しくて、どんどん足が伸びて行く。

磨き込まれた格子の家が残っているのを見て、少しほっとしたり、さすが京の町家だとその完成度の高い美しさに感動したりする。町家は、後世の人々に受け継いでいかなければならない大切な文化遺産であるとしみじみ思う。そんなことを考え巡らせながら町角探険を続けているこのごろの私である。

作例写真は、西陣。日本の野草を育てている家人の好みがうれしい。ローアングルで野花への親しみを込めて撮る。

●夏の散歩道……夏座敷（なつざしき）

涼を演出、心のぜいたくを満喫する

長かった梅雨もようやく明け、いよいよ京都に日本一蒸し暑い本格的な夏がやってきた。

もともと夏を旨として設計された京の町家を、さらに見た目にも機能的にも快適にする工夫が、建具の入れ替えである。それは夏座敷への建替えと言い、遅くとも六月中にはなされている。

だがその実力が発揮され、なるほどと思うのは、やはり真夏になってからであろう。

まず主座敷の畳の上に網代《あじろ》に編まれた籐《とう》の筵《むしろ》（これは単に網代とも呼ぶ）を敷きつめる。それから襖や障子や欄間障子をはずし、葦戸《よしど》障子に入れ替える。家によっては葦戸のかわりに御簾《みす》を吊るところもある。

加えて葦屏風を立て、網代の上に来客用の縮みの座蒲団、透かし絵の貼られた涼しげな奈良団扇などを置けば夏座敷の仕上がり。

しかし奥の蔵などに仕舞い込まれたそれらの建具を運び出す建替えは、人手もかかり本当に一日がかりの大仕事である。

そうそう肝心な床飾りを忘れていた。八月は涼をテーマにした軸を掛け、竹籠の花器に桔梗《ききょう》、女郎花《おみなえし》など季節を先取りした初秋の草花をさりげなく生けると室礼は完璧《かんぺき》。

夕方ともなれば奥の庭の木々や庭石にたっぷりと打ち水をして、さながら市中山居と決め込んでみる。

打ち水の効果で微風が、夏座敷を通りすぎていく。そして網代のヒヤーッとした素足の感覚と、見た目の夏座敷の涼しげな美しさ。これぞ究極の京の夏暮らし。少し痩せ我慢もいるけれど、衣食が充分足りて久しい我々にとって、住環境に美学を求める時代に入っていると思う。

なにも大きな座敷でなくとも、端居《はしい》して軒先に吊るしたガラスの江戸風鈴のわずかな音に、心の贅沢を追求することができる。日常の暮らしの中で、季節の移ろいを楽しみたい。

作例写真は、西陣の五代続く織元の町家。

4×5判カメラ、120ミリレンズ、ISO100カラーポジフィルム、4秒、f32、ストロボ光4灯同調

京の歳時記　7月7日

精大明神例祭

白峯神宮

かつて蹴鞠の宗家、飛鳥井家の邸宅地で、摂社として祖先神の精大明神がまつられている。古来、七夕は梶鞠《かじまり》の日で、古式にのっとった蹴鞠が行われたのち、笹飾りを中心に、華やかな元禄風衣装の少女らが、小町踊りをのびやかで優美に舞い集う。

4×5判カメラ、105ミリレンズ、ISO100カラーポジフィルム、8秒、f22

京の歳時記

土用丑の日とその前日

御手洗（みたらし）祭

下鴨神社

足つけ神事ともいわれ、祓禊《ふっけい》、すなわち川で禊《みそぎ》をして、罪穢れを祓う神事と冷たい川に足をつけ、京の夏の猛暑を避ける納涼とが合体した祭事である。

境内の末社御手洗《みたらし》社の前池に、膝下まで足をひたして、身心を清め、参拝者は灯明を持って進み、社前に献火する。そして無病息災を祈る。

◉夏の散歩道……町家の坪庭（まちやのつぼにわ）

光と風の住空間

京都の住居、とくに商業地における町家は、夏を快適にすごせるように設計されている。

それはすでに鎌倉時代の末に兼好法師が「徒然草」の文中、「住まいは夏を旨とす」と綴《つづ》っているように、京都の蒸し暑い夏を健康に暮らすことが、いかに大変なことであったかがうかがえる。

鰻の寝床と俗称される京の町家は、一戸が短冊《たんざく》型の地形で、隣家と壁を接しているために、どうしても家屋の中央部の風通しが不足する。

それを解消するために考えだされたのが、表屋造といわれる建築様式である。通りに面したオモテ（店）の棟と台所や座敷の棟とが、二つに分かれており、それらを玄関の棟でつなぐ設計になっている。

そして三棟に囲まれた空間に中庭、すなわち「坪庭」を設《もう》け、光と風を取り入れるという素晴らしいアイデアであった。

そこは閉塞的な町家空間にあってはなくてはならぬ鼻孔のような重要な場所で、内と外とをゆるやかに繋《つな》いでいる。

その二、三坪ほどの小空間を機能性だけでなく、鑑賞する庭として昇華させたのは、京都人の持つ文化の高さであろう。

夏の夕方、坪庭に打ち水をすると、微かなゆるぎの風が表の通りや奥の庭から簾《すだれ》を通って、座敷をひんやりと抜けてゆく。

日が落ちると坪庭の灯籠にポッと火をともして涼を演出し、夏の夜を楽しむ。こうしたさまざまな工夫に惹《ひ》かれて、私が町家の坪庭の撮影に取り組んで二十年の月日がたった。

今、町家の建て替えとともに珠玉の小庭が次々と失われてゆくのが、つくづく惜しいと思う。

作例写真は、祇園のお茶屋さんの坪庭。一間半四方の空間に、形のよい石灯籠が主役として置かれ、囲むように槙やシシガシラが植栽されている。

地面は白川砂で覆われて、波紋が描かれているのが現代的で、白障子と相《あい》俟《ま》って、明るさを感じさせるのが好印象であった。

4×5判カメラ、120ミリレンズ、ISO100カラーポジフィルム、2秒、f32

●夏の散歩道……桔 梗（ききょう）

紫の花のすがすがしい気品

秋の七草の一つ桔梗は、京都では七月の半ばごろが満開時期で、真夏の炎熱期を越して、秋の涼やかなころまで咲き継ぐのが普通である。

さて、万葉集に登場する山上憶良《やまのうえのおくら》が詠《よ》んだ秋の七草の名歌に「朝貌《あさがお》の花」としてあげられているのが、後の考証では、桔梗のことであると明らかにされている。事実、秋の野に咲く花の代表として朝顔よりは、桔梗のほうがよりふさわしく思われる。

それほど日本人は桔梗の花の紫色の清々しい気品高さを観賞花として愛し続けてきた。小林一茶《いっさ》の「きりきりしゃんとして咲く桔梗かな」という俳句を待つまでもなく。

だが昨今では、野山に咲く自生種にはほとんどお目にかかれない。遠く丹《たん》波《ば》地方の山中にまで足を伸ばさなければ、五弁の凛々《りり》しい花を風にそよがせている、どこか寂しげな姿に出会えないようだ。だから主に寺院の庭園などで、人の手によって植え込まれ、大切に育てられた花を賞《め》でることになる。

市内では紫式部ゆかりの廬山寺《ろざんじ》。苔と白砂で構成する平面雲型の庭園に、平安王朝を偲《しの》ばせる優美な花が植栽されている。また洛東東福寺《とうふくじ》山内の天得《てんとく》院《いん》は桔梗の寺として有名で、庭全体を覆った杉苔の緑のなかに、紫や白の花が床しく咲いて拝観者を楽しませてくれる。

亀岡市の谷性寺《こくしょうじ》は明智光秀公を葬った寺院。桔梗の花を家紋にした光秀ゆかりの花が、天下統治を望んで果たせなかった武将の心を癒すかのように庭一面に群れ咲いている。

作例写真は、天得院。方丈の縁先にデンと置かれた一文字形の手水鉢《ちょうずばち》、縁に掛けられた柄杓《ひしゃく》に、桔梗の花が生けられている。真上にカメラをセットする。楓《かえで》の葉に流水の柔らかさが加わり京情緒が表現できた。

天得院
東山区本町15丁目
交通「市バス」東福寺停から南へ徒歩5分、「JR奈良線」・「京阪本線」東福寺駅から東南へ徒歩7分

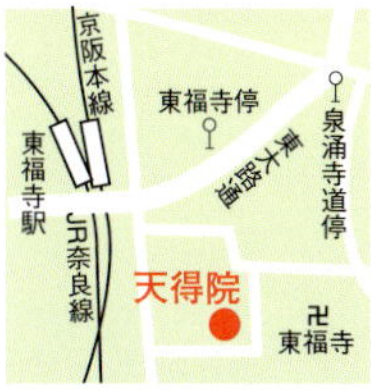

6×7判カメラ、200ミリレンズ、ISO100カラーポジフィルム、PLフィルター、1／15秒、f16

◉夏の散歩道……入道雲（にゅうどうぐも）

炎天下、青空に白い雲

うっとうしい梅雨が明け、カラッと晴れた夏空になると、海や山へ勇んで出かけたくなるのが人情だが、残念ながら仕事の都合上、今年も蒸し暑い酷暑の京都でほとんどをすごすことになる。

京都の暑さを茹《うだ》るとは言い得て妙で、京の夏を表現する言葉として万人が認めるところである。

妙な感心をしていてもすごしやすくなるわけではなく、どうかして快適にすごす方法はないものかと、オロオロと藪蚊《やぶか》に刺されながら坪庭や奥庭に打ち水をする程度である。

このように夏の暑さを受動的にすごしていても写真家としては仕方がないので、苦しまぎれに開き直って炎天下へ出かけてみる。そして同じことなら暑さを直接的に写真化してやろうと題材をさがす。

その暑さをもたらす強い日射しが上昇気流を生じ、夏空に積乱雲が現れる。子供のころに夏の風景を絵に描くとき、よく入道雲を構図したものである。あの単純明快さこそ、京の夏の本質かもしれぬと理屈づけながら空を見上げる。

入道雲と言えば、多くの人は紺碧の海に青い空、そして白い入道雲を連想するだろうが、京都の風景にも結構似合うものなのである。

まず盆地には地形上、入道雲が起こりやすい。なぜなら四方の山が、太陽熱を反射し盆地の日射しが増す、それゆえ京都は入道雲の名所でもあるのだ。

京都の北西部に立ち登る雷雲は古くから丹波《たんば》太郎と呼ばれ、親しまれもし、恐れられもしてきた。丹波太郎は京都盆地に夕立をもたらし、ひと時の涼しさを提供してくれる恵みの雲でもあり、落雷やさらには雹《ひょう》をともない、涼しさを通り越して田畑に害を及ぼすこともある暴れん坊でもあるのだ。

作例写真は、東山高台寺の庫裡《くり》の屋根上に現れた入道雲。それを望遠レンズで狙《ねら》う。偏光フィルターを使用して、青空に白い雲を強調する。

高台寺
東山区下河原通八坂鳥居前下ル下河原町
交通［市バス］東山安井停から東へ徒歩6分

6×7判カメラ、300ミリレンズ、ISO100カラーポジフィルム、1/4秒、f22

◉夏の散歩道……木　槿（むくげ）

残暑の中、心なごむ清涼感

江戸中期の京都の俳人几董《きとう》に「秋あつき日を追うて咲く木槿かな」という句があるように、木槿は歳時記では秋の花である。

しかし実際には、梅雨の終わりごろから咲き始め、几董の句のごとく残暑のころまで咲き続ける。まだ七月の下旬だというのに、すでに満開を迎えている木にすら出会う。これも異常気象と言えるのだろうか。

もう一句、芭蕉の野晒紀行には「道のべの木槿は馬に喰はれけり」とある。日本中どこに行っても、ごく普通に見かける花で日本固有のように思うが、本来は中国原産のものらしい。

古くに渡来して、日本の気候風土に適したため、夏を代表する花木としていついてしまっている。その中国では「無窮花木」と名付けられ、人も弱る暑い季節に、数限りなく咲き続ける生命力を褒めたたえられている。

一方わが国では、朝に咲き夕べに閉じる短命花ゆえに、無常感をもってこの花と接してきたようで、それぞれお国柄の違いがあらわれて、意味深長である。

特に白色一重咲きで、中心が赤紫色の花「底紅」は、茶道の三千家の始祖千宗旦《せんのそうたん》が好んだといわれ「宗旦木槿」の別名で親しまれている。この花を一輪、掛花入に生けるだけで、部屋の中に〝ゆらぎ〟の風が吹き込んでくるような清涼感を覚えるのは、その花の魔力とでも形容できるだろうか。

茶道ゆかりの大徳寺山内の塔頭をはじめ、京洛中の寺院の築地塀越しに、紅紫色や白色の一重あるいは八重咲きの多種の花々を訪ね歩くのは楽しい。また思いがけぬ所に美しく咲く花を発見するのが、私にとって小さな夏の旅の醍醐味である。

作例写真は、上京にあるすだれ屋さん。京すだれを背景に毎年「宗旦木槿」が道行く人の心をなごませている。

●夏の散歩道……広沢池（ひろさわのいけ）

造化の妙を間近に見る

福王子《ふくおうじ》神社前の五叉路を真西へ道をとる。鳴滝《なるたき》橋を渡り、山越《やまごえ》の竹林の続く道をくねくねと進むと、眼前がパッと開けて広沢池畔へ出る。

私が写真趣味に没入し始めたころだから、もう四十年前のことである。宇《う》多野《たの》にある市営のユースホステルで冬期間、宿直のアルバイトをした。閑を見つけては散歩に出かけたが、近くに今は釣り堀になっている〝弁慶の足形池〟と、近年心なき人によって埋め立てられてしまった美しい小さな池があった。さらに一〇分西へ足を延ばすと平明な広沢池に出る。

それらが私にとっての古代の伝説と物語を秘めた嵯峨野路への入口であった。

その思いは今も変わらず嵯峨野撮影の始めに、早朝まず広沢池を訪ねる。一日かけたロケの終わりに広沢池の東畔から愛宕《あたご》山や、暮れなずむ夕景をぼんやり眺めてから帰宅の途につくのが習慣となっている。広沢池から北東へ歩を取ると、深い竹藪に囲まれた相沢池、さらに西に大沢池があり、これらを古来嵯峨の三沢池《さんさわいけ》と称している。

この地に池が多いのは、かつて嵯峨野一帯が湿潤な沼地であった名残りとも、また上古、当地へ移り住んだ帰化人の秦氏集団が山野を開墾した田畑の灌漑用水池として利用したとも考えられる。

また平安時代には宇多《うだ》天皇の皇孫寛《かん》朝《ちょう》僧正が広沢池畔に別荘を築き、後に寺に改め遍照寺《へんじょうじ》とし、釣殿や月見堂など優雅な伽藍《がらん》を誇った。そして東畔の音戸山に登る月をめでる貴人たちで賑わったと伝えられる。

観月の名勝地としては、今なお京洛一かと私は思う。

また春から秋にかけての早朝には、時によって池面に霧が立ち、まわりの山や林の色そして水面の色までが、刻々と変化する。造化の妙を真近に見るうれしさに感動しながらシャッターを切る。

作例写真は、初夏の夕暮れ（→P.35）。芦が鏡のような池面に影を映す。魚がはねたのか、小さな波紋が見る見る大きく美しく広がった。

4×5判カメラ、300ミリレンズ、ISO100カラーポジフィルム、1／8秒、f22

京の歳時記　7月

弁天祭　長建寺

洛南の三大奇祭の一つ。宵宮の日、龍宮造りの朱塗りの山門前を流れる東濠川《ひがしほりかわ》（宇治川派流）ぞいに、篝火《かがりび》が点《とも》され、背景の伏見の酒蔵が、夏の夕べに浮かび上がる風情は趣がある。境内では、厄除け開運の柴燈《さいとう》大護摩が夜空をこがす。そして近郷の女子による弁天囃子が奏せられ「弁天さん柴おくれ、柴がいやなら銭おくれ」の唄の文句とともに、古銭のお守りが授与される。

◉夏の散歩道……蓮の花（はすのはな）

微風にゆらぐ大輪

　七月の声を聞くと、カラリと晴れた夏の到来が待ち遠しくなる。

　夏の花と言えば、近ごろ再評価が著しい蓮であろうか。佛のいます極楽浄土の池苑に咲くというおめでたい花、ゆえに少々抹香《まっこう》くさい花として、敬遠されてもきた蓮の花。

　しかしヨーロッパでは、古くから人々に敬愛されてきたロータスの花。

　京都の茹《うだ》るような暑さの中で、ふっくらと優雅な曲線を描きながら微風にゆらぐ大輪の蓮花。

　蓮花は満開の時だけが美しいのではない。青々とした葉が出始めるころ、開花を予感させる蕾《つぼみ》のとき、三分咲き、五分咲きの未完の美しさ。そして散り始めのころ、実のなるとき、敗荷《やれはす》のころまで。花の変化を観察し、移りゆく季節を追いかけながら、目前の光景と自己の思いを重ね合わせてシャッターを切る。

　蓮の名所は、洛西花園の法金剛院や宇治の三室戸寺《みむろとじ》に豊富な種類が、天龍寺、勧修寺《かじゅうじ》、府立植物園、城陽の蓮畑、長岡天満宮の八条池などがあげられる。

　花の美しさを写真で表現するには、さまざまな方法があると思う。私は時に応じて、4インチ×5インチ判の大型カメラ、そして6センチ×7センチ判の中型カメラ、そして一般的な35ミリ判の小型カメラを使い分けている。

　小型カメラでは、ファインダー通りに撮影できる一眼レフにかぎる。望遠レンズで花のアップを狙《ねら》いたい。庭園や背景の建造物を広く写し込みたい時は、広角レンズを使用する。標準マクロレンズでアップを撮る時は、思わず接近しすぎて、花に触れぬよう十分に気を付けねばならない。傷つきやすい花だから。

　作例写真は、宇治の三室戸寺。明星山を登った夏の朝日が、蓮の花びらを透かして、えも言えず美しい。

三室戸寺
宇治市菟道滋賀谷
交通［京阪宇治線］三室戸駅から東へ徒歩20分

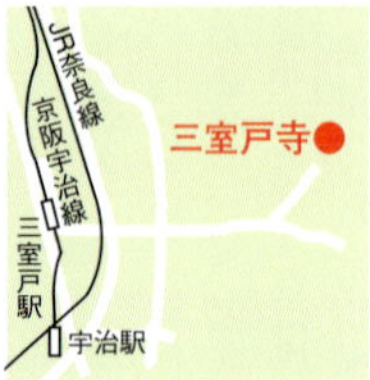

6×7判カメラ、135ミリレンズ、ISO50カラーポジフィルム、1／30秒、f11

6×7判カメラ、200ミリレンズ、ISO50カラーポジフィルム、1／4秒、f22

◉夏の散歩道……百日紅（さるすべり）

心を揺るがせる一日花

その名のごとく夏の初めから、灼熱の間を通して、秋の訪れまでの長期間咲き続ける。その健気《けなげ》な姿に勇気づけられ、猛暑の中、カメラを向ける。

原生地の中国で、かつて禁中に多く植えられていたという。それゆえか、旧九条家の庭園をはじめ、京都御苑内に数多く植栽されている。また、市中の家々の塀越しに覗《のぞ》く百日紅を、朝夕訪ね歩くのは楽しい。

花の色は紅がベースだが、紫がかったものや淡い紅のもの、そして稀《まれ》に白色のものがある。シロバナサルスベリに出会うと、その付近の風景が涼しげに見える。

私が撮影場所として気に入っている寺社をあげよう。東山の真如堂《しんにょどう》、養源院、泉涌寺《せんにゅうじ》、南禅寺、高台寺《こうだいじ》など。洛中では、相国寺《しょうこくじ》山内の瑞春院《ずいしゅんいん》、烏丸《からすま》通の護王《ごおう》神社、西陣の本隆寺《ほんりゅうじ》、浄福寺《じょうふくじ》、智恵光院。洛西では、等持院《とうじいん》の花が美しい。それらのどれもが、伽藍《がらん》の建築美や庭園と組み合わさって絵になる。

この花を写すとき、近づくとその花の形が一定しないで、つかみどころのないことに気づく。花のアップ写真は、撮りづらい。

ロングで写す際は、私は二つの方法を選択する。まず、望遠レンズで花の外形と建築物とを組み合わせるのが一つ。または広角レンズを装着して樹木の中に入り、花を透かして外の風景や建物を背景に写す。概《おおむ》ね、これらが私の方法論である。

さすがに猛暑に咲く花だけに、早朝咲き始めた花は、夕方にはもう落花する典型的な夏花で、夏咲く樹木の花は、このような一日花が多い。木槿《むくげ》や芙蓉《ふよう》も同様である。

だから、庭の苔の上に、無数に花が散り落ちた風情は何やら儚《はかな》い。我が身のゆく末が連想されて、少し心が揺らぐのである。

作例写真は、南禅寺山内の天授庵《てんじゅあん》。シロバナサルスベリの大樹。

天授庵
左京区南禅寺福地町
交通［市営地下鉄東西線］蹴上駅から東北へ徒歩7分、［市バス］法勝寺町停から南東へ徒歩8分

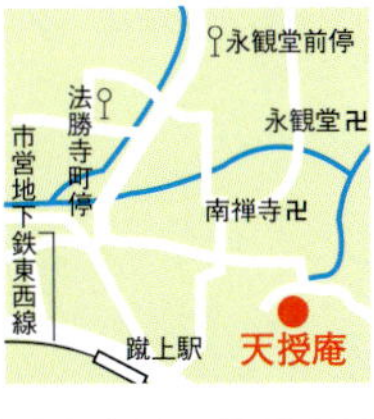

◉夏の散歩道……祇園祭（ぎおんまつり）

洛中洛外図を写真で再現

この祭りは七月一日の吉符入《きっぷい》りから、三十一日の疫《えき》神社夏越祭《なごしさい》まで、一か月もの間、行事が続けられる。本来、祭りの中心は、十七日の神輿《みこし》の渡御で、夕方に八坂《やさか》神社より勇壮に神幸される。

さて、十日から各鉾町で始まる鉾立ては、釘一本使わずに巨大な鉾が、綱締めの手法で荒縄によって組み立てられるので、見飽きしないし、近寄れば造形的な絵になる題材である。

十三日の稚児《ちご》社参では、白馬に乗った長刀鉾《なぎなたぼこ》稚児の行列が面白い。

そして、祇園囃子《ばやし》の音が流れる中、宵山《よいやま》が始まる。鉾の集中する烏丸《からすま》四条、室町《むろまち》付近は身動きならない人出で、写真家としては、このような所へは三脚やたくさんの機材を持って入り込もうなどと、決して考えてはいけない。

しかし、たとえ一晩に数万、数十万人の人出があったとしても、山鉾町内に必ず過疎地が見つかるものである。のんびりと宵山見物を楽しみたい。

宵山は屏風祭とも言われる。商家の店の間を開放して、家宝の屏風絵が飾られている。常では見られない町家のさわりを、鑑賞してまわれるのは楽しい。

深夜の長刀鉾の日和神楽は、山鉾巡行日の晴天を願って社参する。祇園町をゆっくり囃《はや》しながら巡る優雅な雰囲気で一見の価値がある。

そして巡行当日、鉾の辻に集まった山鉾は、長刀鉾を先頭に華やかに進む。長刀鉾稚児による「注連縄《しめなわ》切り」の神事は、見物の人垣の外から超望遠レンズで写したい。

山鉾を一画面にたくさん入れたいのなら、御池《おいけ》通新町が最適。うまくビル建築群を鉾の影に隠して、夏空を背景に山鉾群が写せれば、快哉を叫ぼう。

作例写真は、甍《いらか》の波間をゆったりと進む鉾。屏風に描かれた桃山や江戸時代の洛中洛外図を、写真で再現しようと試みたもの。

四条界隈
中京区、下京区
交通［市営地下鉄］四条駅、［阪急京都線］烏丸駅・河原町駅周辺

4×5判カメラ、300ミリレンズ、ISO100カラーポジフィルム、1／8秒、f16

4×5判カメラ、150ミリレンズ、ISO50カラーポジフィルム、2秒、f32、ハーフNDフィルター使用

◉夏の散歩道……水の流れ（みずのながれ）

涼を求めて清流へ

しっかりと暑い京都で、涼を求めるのは、水辺へ出かけることだ。海は遠いが、盆地ゆえに山から出た清流が、身近にあることが救いである。

私は長らく下鴨《しもがも》の地に住んでいたので、毎夏一度や二度は、鴨川にザブザブと入った。腰までつかりながら、ドンドコと呼ばれる堰《せき》のところで、水とたわむれる。

そして川苔の中に手を差し入れて、ハイジャコと遊んだ。それらの小魚を食とする白鷺（コサギやチュウサギなど）や、夕方になるとやってくる五位《ごい》鷺などの鳥たちの漁の様子を観察していると、時間のたつのも忘れてしまう。

彼らはカメラを持った人間を一定の距離までしか寄せつけない。川の流れと鳥の姿を超望遠レンズを使って写す。

貴船など、夏の渓流では、快晴の時は、木の間洩れのスポット光の中で踊る水のしぶきを捕らえる。曇りの日には、長時間露光で、水の流れを柔らかく表現できるのが、写真独自の手法として面白い。明るすぎて長時間露光の不可能な時は、NDフィルターを使用して、光量を調節するとよい。

貴船渓谷から、さらに足を伸ばして、芹生《せりょう》の里、灰谷川をたどって京北《けいほく》町へ向かう。そして茅葺き民家群で有名になった美山《みやま》町の渓流を訪ねるのも楽しいと思う。

そのような遠路はとてもという人には、下鴨神社、糺《ただす》の森の泉川をお勧めしよう。原生林の緑の樹間を流れる様は、大都会の真ん中とはとても思えない。まったくの自然を感じさせてくれる。

また、上賀茂神社の厳《おごそ》かな雰囲気の中を流れる楢《なら》の小川では、人の営みと自然とが混然一体となった美しい姿に感動させられる。

作例写真は、上賀茂神社にて。緑陰の木の間洩れの光線が、瀬の石を食《は》む波しぶきを輝かせている。

上賀茂神社
北区上賀茂本山
交通［市バス］上賀茂神社前停すぐ

6×7判カメラ、75ミリシフトレンズ、ISO50カラーポジフィルム、10秒、f16

◉夏の散歩道……滝（たき）

清く強い水の流れへの感動

八月に入って、暦では立秋が近づいたというのに、京の猛暑はいよいよ本格的。もうしばらくの辛抱だと思っても、ついにたまらなくなって、涼味を求めて写真の題材をさがす。やはり水、もっとも絵になって、涼しいのは滝であろう。

どこの滝を訪ねようかと調べてみる。水豊かな山並みに囲まれた京都盆地周辺には、たくさんの滝が存在していて、都心から僅《わず》かな距離で、そんなに山深く入らずとも、幾つもの滝に出会える。

日本各地に存在する大滝に比較すると、京都市周辺の滝は、なるほどスケールにおいては劣るが、その由来は古く、名滝と呼ぶにふさわしい。これも一二〇〇年の歴史のゆえなのだろう。

古来日本においては、「滝」を神格化していた。つまり「水」に対する信仰が、「滝」を水のもっとも美しい形が現れたものとして、その清く強い流れを、同じく信仰の対象として深い山中に求めたのであろう。岩石を食《は》み、ほとばしり落ちる様子に素直に感動した、我々の祖先の心に、私もまた賛同をおぼえる。

それは京の滝の名前や由来からも一目瞭然で、大原の三千院奥の「音無の滝」は、良忍《りょうにん》上人が呪文で水音を静めたという。北山山中の「菩堤の滝」の由緒はさだかではないが、その名にはいかにも信仰が感じられる。雲ケ畑《くもがはた》の奥、志明院《しみょういん》の「飛龍の滝」は弘法大師ゆかり。清滝《きよたき》の奥、愛宕《あたご》山麓の「空也滝」は、ずばり空也《くうや》上人の修行の滝。

東山の鹿ケ谷《ししがたに》山中の「楼門の滝」は、かつて壮大な伽藍を誇った如意寺《にょいじ》の楼門のそばにあったゆえに名づけられ、またの名を「如意の滝」とも言う。

作例写真は、松尾大社（→P.43）の「霊亀《れいき》の滝」。松尾山の大杉谷から流れ出た清流は、社殿のそばで一条の滝水となる。ひとたび大雨や夕立が降った後には、上下二段となって巌《いわお》を滑り落ちる幾条もの流れとなって、参拝者の目を驚かせる。その名は、古く和銅年間に、この流れに神亀が現れ、朝廷に献じたところ、大変めでたいことと年号を『霊亀』に改めたことに由来する。

音無の滝

左京区大原来迎院町

交通「京都バス」大原停から東へ徒歩25分

汚れた心身を洗い流してくれる…

百合はその清楚さと華やかさから、洋の東西を問わず親しまれている草花である。近年、園芸品種の改良が盛んになり、またハイブリッド種の豪華な花々が、花屋の店頭で多く見られ、切り花として人気を誇っている。

だが、こうした世界中で愛される改良種の基になったのは、多くは日本の野生種の百合であることを知る人は、意外と少ない。

今はもう、私たちの身近な野山や里で自生の百合に出会えることは、ほとんどなくなってしまった。それは、蓮《れん》華草《げそう》などと並んで、「やはり野におけ百合の花」と伝承されてきた日本人の心の文化を破る心ない人々によって乱獲されて、姿を消してしまったのだろう。まことに残念なことである。

だから京の町や里の民家や寺院の一隅に優しく咲いて、夏の到来を告げる野生種の百合の花は、花を愛する人々の手によって大切に守られているものばかりである。

百合は花の形や咲き方によって、四種に大別される。①鉄砲百合や笹百合のように細長いラッパ型で、白色や淡紅色の清らかな花。②は山百合のように大型で横向きに咲き、白い花色の中に赤い斑点のあるもの。今大流行の「カサブランカ」はこの系統だろう。③は鹿子《かのこ》百合で、小さな斑点が全体を覆う華麗な花。紅色の鬼百合も同種で、花弁は反捲《はんけん》し球状になって咲く。④はスカシ百合の系統で、上向きに咲き、星状の形である。黄や紅など豊かな色の交配種が町を彩《いろど》っている。

作例写真は、笹百合。古来『古事記』の時代から百合の花と言えば、この花をさすほど日本人に親しまれてきた。空気の清浄な地を好み、京都では北山を中心に山深く、夏なお冷気に満ちた山陰にしか咲かないと言われている。北山杉で知られる中川の里、宗蓮《そうれん》寺《じ》の境内で、笹に似かよった葉と細く撓《たわ》んだ茎に、優雅な花をつけている。

都会の塵《ちり》に汚れた心身を洗い流してくれるような花に、今年も出会いたくて北山への道を急ぐ。

宗蓮寺
北区中川北山214
交通［京都バス］菩提道停から北東へ徒歩5分

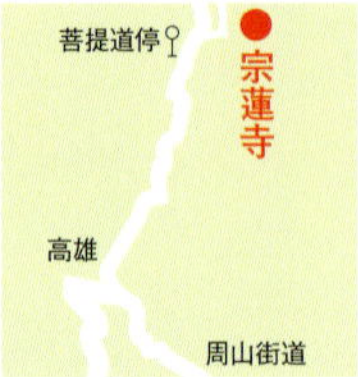

6×7判カメラ、75ミリシフトレンズ、ISO100カラーポジフィルム、1／4秒、f16

6×7判カメラ、200ミリレンズ、ISO100カラーポジフィルム、1／15秒、f11

◉夏の散歩道……凌霄花（のうぜんかずら）

京の夏の暑さを表現する

　郊外の新しい住宅街に迷い込むと、生け垣の樹木に絡《から》んで、橙紅色の凌霄花の花の群がりによく出会う。その目をうばう派手な色との唐突な出会いの印象から、私はその花が好きになれず、京都に似合わない花だと永い間思い込んでいた。

　事実、近年北アメリカ産のアメリカノウゼンカズラを植栽するのが、花の少ない真夏期を彩《いろど》る花として、流行しているとも聞く。確かに同じようなデザインの家が建ち並ぶ洋風の新興住宅街で、凌霄花の花が、どの家にも植えられて連なって咲いている風景に、お目にかかることがある。そのような世界へ足を踏み入れると、その無国籍的な町の佇《たたず》まいにとまどってしまう。

　さて、そのような凌霄花への私の否定的な思いが一変するちょっとした出来事が、私に浅はかな思いこみで物事を判断してはいけないと教えてくれた。それは数年前、大徳寺山内の大仙《だいせん》院《いん》の撮影に取り組んで一年、一冊の本にまとめる永い撮影作業をようやく終えたのは、梅雨の長雨も上がり、夏を迎えようとしていたころだった。

　お寺の庫裡《くり》のお座敷で、一年間お世話になったお礼のごあいさつなどをすませ、お茶を頂きながらホッとしていた。いつもは気も止めなかった中庭に、ふと目を移したとき、すだれ越しに二、三輪のだいだい色の花が、長く伸びた蔓からぶら下がっているのに気が付いた。

　古刹《こさつ》に凌霄花なんてといぶかり、たずねると当寺の創建当時（四〇〇年前）から咲き継いでいる花とのこと。ガーンと頭を叩かれる思いがした。

　帰宅後、この花のことを調べる。中国原産で古くに日本へ渡来したとのこと。室町時代に南宋との貿易で伝わったのだろうか。洋花と思い込み馬鹿にしていた自分の浅学さを反省して、それからは、京都に似合って咲く花姿を追い求めて撮影を試みている。

　松尾の里の玄忠院《げんちゅういん》。黒谷の八橋寺として有名な常光院《じょうこういん》。そして静原の農家の、そのどれもが漆喰《しっくい》塗りの白壁を背景に、京の夏の暑さを見事に表現しきって咲いている。

　作例写真は、玄忠院にて。

玄忠院
西京区松尾上ノ山町33
交通［阪急嵐山線］上桂駅から北西へ徒歩13分

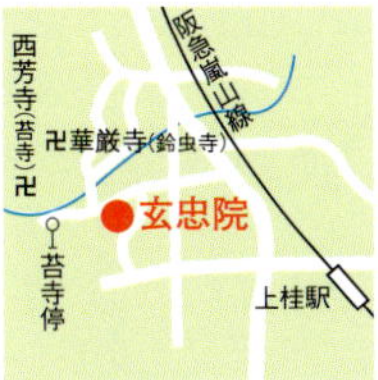

夏の散歩道……朝顔と町家（あさがおとまちや）

町家の格子に似合う涼やかな花

朝顔は本来、秋の七草の一つとして知られていたが、現在では夏を代表する花として親しまれ、栽培されている。子供のころ、一度や二度は、鉢植えでその花を咲かせるのに挑戦した人も多いと思う。

土用に入り、蒸し暑い日になりそうな朝、ふと何とはなしに立秋が近づいた予感がするのは、その朝顔の涼やかな花が、町のあちこちの軒端《のきば》で貌《かお》を見せ始めるからだろうか。

私は毎年この時分になると、上京や中京、そして下京の通りを歩き、紅殻《べんがら》格子《ごうし》に絡《から》まる朝顔を探しまわる。そして、土用曇りの早朝、お目当ての町家を訪ねて撮影をすることになる。

格子の美しい町家が極端に少なくなったせいもあって、近ごろはなかなか気に入った作品が写せないのが残念である。

最近ようやく行政側もこの事に気がつき出したのか、京都の町家の実態調査に何百万円とかの予算を計上した、との新聞報道を読んだ。

今、瀕死の状態にある町家群が救済されるのは、いつのことだろう。完全な美しい姿を保っている町家は、京都中の家屋のほんの数パーセントではないかと思われる。

本当に朝顔の花は、町家の格子によく似合う。青色あるいは紫、そして落ちついた赤色など、無地の小さめのシンプルな花が私は好きだ。そのさりげない様子に心ひかれる。つつましいが、生活を楽しむ京都人の暮らしぶりが、にじみ出る風情である。

一昔、二昔前には、通りすごしていたごく普通の光景を、今では訪ね求めねばならなくなった。

作例写真は、織物の町、西陣で写す。出窓風に取り付けられた出格子に絡まり咲く、色とりどりの朝顔。

6 × 7 判カメラ、105ミリレンズ、ISO100カラーポジフィルム、1／4 秒、f22

35ミリ判カメラ、100ミリマクロレンズ、ISO100カラーポジフィルム、1／15秒、f5・6

京の歳時記　7月

鹿ヶ谷（ししがたに）かぼちゃ供養

安楽寺

江戸中期、住持の真空益随《しんくうやくずい》上人が、京都に蔓延した病気の平癒を祈り百日間修行したおり、本尊阿弥陀如来の「夏の土用に、かぼちゃを食べると中風にならない」とのお告げを受けて「かぼちゃ供養」を始めた。

檀家の奉仕で京都の伝統野菜の一つひょうたん形の鹿ヶ谷かぼちゃを大釜で炊き上げ、参拝者は本堂へ詣ったのち、接待を受ける。

◉夏の散歩道……蟬(せみ)

夏の思い出を呼び覚ますひぐらしの声

梅雨の長雨が終わると、一気に京に炎熱の夏がやってきた。寝苦しい熱帯夜が明けると同時に、毎朝蟬の鳴き声で起こされる、嫌な季節の到来でもある。

しかし自然をテーマに写真を撮り続ける私としては、彼らも夏を演出する大切な一員だから、文句などを言っては失礼にあたるだろう。また子供のころには飽きもせず蟬捕りに熱中して、毎日のように近所のお寺やお社《やしろ》、そして京都御苑を猛暑の中、一日中ほっつき歩いた。そんな遊び相手になってくれたのだから。

さて平成年間、京都盆地におけるその蟬の世界で大異変が起こった。アブラゼミの領域をクマゼミが侵略しだして、勢力を広げているのだ。ジージーと喧《やかま》しいアブラゼミの声に替わり、シュワーン、シュワンと喧しさを通りこして、集団で鳴かれると耳の鼓膜がけいれんを起こすようで、我慢ができなくなる。実は地球温暖化のせいで、クマゼミが地中で越冬できる地域が、北上してきたのが原因だそうだ。子供のころに大型のクマゼミを捕らえたりしたら、もう大さわぎで自慢できたものだが、今では幾らでもつかまえられるようになったのは皮肉だ。

わが家の小さな中庭でも、例にもれずクマゼミが異常発生している。この時期、秋の出版に向けての文章書きや編集作業で、在宅してのデスクワークに追われる身には、辛い毎日である。だが近年、そのクマゼミの数が減少しているという。複雑な理由がありそうだ。

蟬の悪口ばかり書いては蟬に悪いので、話題を変えよう。

市中で夏をすごしていると、蟬の仲間の、ひぐらしの鳴き声が無性になつかしく恋しくなる。夕暮れどきにカナカナカナカナという、あの物哀しげな声を聞くと、まわりの木々の緑に吸い込まれそうな、何かぞくっとした気分にさせてくれる。

京都では北山山中や東山、大原の山麓で、その声を聴くことができる。あの涼しい環境に身を置きたい気持ちと、夏の日の懐かしい思い出が重なって、ひぐらしに再会したいのかもしれない。

作例写真は、大原の里にて。声を頼りにそっと近づいてひぐらしを写す。

35ミリ判カメラ、24ミリシフトレンズ、ISO100カラーポジフィルム、1／125秒、f8

◉夏の散歩道……夏の朝（なつのあさ）

魅力的な影のモチーフ

カメラを肩に自転車のペダルをゆっくり踏んで街を走ると、普段自動車では走りすぎて気付かなかった物事が、実によく見えてくる。

のんびり歩くともっとよいのだが、朝食前や夕食前などの短時間のカメラ散歩は、自転車だと手軽に、少し遠出もできて、ちょっとした旅気分になれる。これを秘かにチャリンコ写真術と名付けて私は愛用している。

京都の町並みは実に多彩で、商家の立ち並ぶ表通りから細い裏通りへ、さらに路地の奥へと、生活感豊かな懐かしい風景や人々に出会うことができる。

また観光案内書には登場しないが、風格ある寺院や地域の生活に密着した神社が、至る所にある。

毎月決まった日に市が立つ社寺もあれば、お宮詣り、夏越《なご》しの祓《はら》い、毎日の飲み水に名水を汲みに訪れる神社などなど、本当に京の社寺と市民との関係は奥が深いと思う。

夏の日中の日射しは強く、高角度から照りつけるためコントラストが強すぎる。だから晴れの日は早朝か夕方の、太陽が傾いた涼しい時に出かけるのである。

特に早朝、清々しい気分で被写体を見ると、日中よりも美しく感じられる。ことに斜めから射す光とそれが作り出す影のモチーフは魅力的で、思わぬ光景を生み出してくれる。

そんな意外な出会いと日々変化するさまざまな街の様子に触れる面白さを期待して、今朝も出かける。

寄り道した寺院の縁日では、久し振りの旧友との出会いに、つい話がはずんで、気がつけばとっくに朝食の時間はすぎているのだった。

ふと覗《のぞ》いた小寺の本堂脇に咲く数輪の芙蓉《ふよう》の花の薄紅の色に、京都に暮らす喜びを感じる夏の朝である。

作例写真は、上京区の本隆寺《ほんりゅうじ》で。東門から入り本堂で一礼し、石畳の参道を西門へ通り抜けるのがとても気持ちよい。西門から振り返ると、格子状の柵の影が石畳に落ちて、えも言えず美しかった。

本隆寺
上京区智恵光院通五辻上ル紋屋町
交通［市バス］今出川大宮停から北西へ徒歩4分

鴨川の水辺で涼をとる

かつて江戸時代、鴨川の川幅は現在よりもずっと広く、水流は幾筋にも分かれて流れ、川洲がたくさんあった。

一九七〇年に出版された秋里籬島《あきさとりとう》の『都名所図絵』によれば、四条河原夕涼の項に「六月七日より始まり、同十八日に終わる。東西の青楼よりは川辺に床を設け、灯は星の如く、河原には床々をつらねて流光に宴を催し……」とある。

つまり陰暦のこの時期は、祇園祭が始まり八坂神社の神輿が四条寺町東の御旅所《おたびしょ》にとどまる間、新暦の現在では、七月の猛暑の間に、この納涼が催されたことになる。

『都名所図絵』を見ると広大な河原の両岸から、現在も鴨川西岸に見られる川床が立ち並び、川洲にすき間もなくよしず張りの見世物小屋や芝居小屋、茶店が立てられ、大勢の人々が遊びゆきかう賑わいぶりがうかがえる。

当時の京の人々は、真夏の蒸し暑さの中でも水辺に出て楽しむ術を心得ていた。

度々の氾濫《はんらん》のあと、鴨川は改修工事がなされ、川は深く掘り下げられて近代的な護岸堤が整えられたため、かつての広い河原は、姿をなくしてしまった。

しかし現在でも西岸の先斗町《ぽんとちょう》や木屋町の料亭に、夏の間じゅう設けられる川床は、かつてのスケールに及ぶべくもないが、風物詩としても本来の夕涼みを楽しむ上にも、さすが京都の風情を今に伝えて、この時期写真の被写体としても欠かせない情景である。

避暑旅行に山や海辺へ出かけるのもよいが、夕方軽く風呂に入り汗を流してから、鴨川堤へ出かけ、川床に席をとって美味なる京料理に舌鼓を鳴らし、冷酒で一献と想像するだけで、京都の夏はやはりよいなあと思う。

作例写真は、四条大橋から北を望む。堤に若いカップルたちが四、五メートルの等間隔に並び坐る様子を、みそそぎ川にせり出した納涼床の灯の光が、浮かび上がらせている。彼ら以外に川原を歩く人が一人もいない面白い瞬間が写った。

四条大橋
中京区、下京区、東山区の境界
交通［阪急京都線］河原町駅・［京阪本線］四条駅すぐ

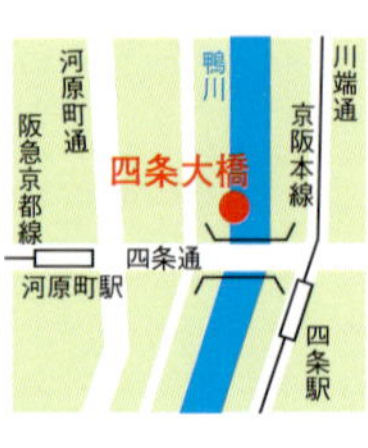

6 × 7 判カメラ、135ミリレンズ、ISO100カラーポジフィルム、10秒、f11

花背松上げ

京の歳時記　8月15日

洛北の山里では、古くから火の神・愛宕《あたご》神社へ献火することによる鎮火祈念と、お盆の精霊送りを兼ねた柱松行事、すなわち松上《まつあ》げが方々で行われる。

花背八桝《やます》町では、川原で灯籠《とろ》木《ぎ》という二〇メートルの丸太を立て、先端に杉葉と藁《わら》を詰めた大笠をつけ、夜、鉦《しょう》や太鼓の鳴る中で、四方から点火された上げ松（手松明）を大笠めがけて投げ上げる。やがて大笠は赤々と燃え上がり、夏の夜空に大輪の火の華が咲く。

◉夏の散歩道……雨霧（あまぎり）

白く流れる神聖な情景

茹《うだ》る暑さが続くと夕立が恋しくなる。エアコンの冷房よりは、自然の雨水を触媒にした冷気のほうが断然ありがたく、身体にも優しく見た目にも涼し気である。そこで表に出て天をふり仰ぎ、雲行きをさぐるのが毎日の日課となる。

私のような風景写真家は、変哲もない強いばかりの夏空の光線下で、撮影の被写体をさがすよりも、自然の恵みで起こる平常とは異なる変化のある風景を待ちこがれるものである。ことに雨を写真で表現するむずかしさには、いろいろな方法で挑戦する。

直接、降る雨を映像化するのは、せいぜい黒っぽい背景に、雨を白く筋状に表現する浮世絵風の試みによるのが妥当である。

つまるところ水は透明なのだから、とくに雨粒のような小さなものの落下をスチール写真で撮るのは、実に困難なのだと気付くまでに、随分フィルムを無駄にした。

その上雨粒をリアルに写し得ても芸術性が稀薄で、面白くも何ともないということもよく分かった。

今、私が選択する方法は、気温の高さに雨の冷気が重なってもたらされる雨霧が、風景に幻想的な雰囲気を醸《かも》し出す様子を映像化することである。

幸せにもその雨霧の似合うところとして、自動車でわずか数十分の近くに、山深い北山の地がある。そこは市中より激しいにわか雨の多い所で、毎夏しばしば期待に応えてくれる。

北山方面の空が真っ黒になるのを確認すると、さっそく家を出る。今日は大原山中か、鞍馬を越えて花背あたりか、それとも雲ケ畑がよいだろうかとあれこれ贅沢《ぜいたく》に悩む車中である。

降りしきる驟雨《しゅうう》の中で車を止めて、雨上がりに立つ山霧を期待しながら自然のクーラーを満喫する。

作例写真は、花背峠の途中から鞍馬の山並みを返り見る。杉や檜《ひのき》の針葉樹が、うっそうと生い茂った山は、鞍馬の地名の語源となった、まさに「暗い山」、霧が白く流れる様に神聖な情景を感じる。

花背峠
左京区花脊
交通［京都バス］広河原行きにて

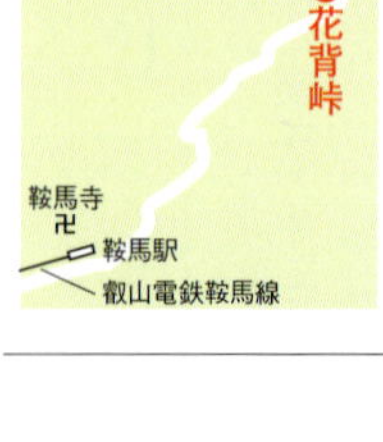

6×7判カメラ、200ミリレンズ、ISO100カラーポジフィルム、1／2秒、f16

京の歳時記

千灯供養　化野念佛寺　8月23・24日

奥嵯峨・化野《あだしの》は平安の昔から、風葬の地だった。明治の半ば、当時のご住職が散乱していた無縁石塔・石佛を集め、供養のロウソクを灯したのが、千灯供養の始まり。地蔵盆の夕べ、里の子や参詣者が八千体余の石佛に、一本一本ロウソクを立てて回る。しめやかな読経の中、涼風にゆらめく千灯以上の光に、石佛群は照らし出されて幽玄な世界が現出する。

6×7判カメラ、75ミリレンズ、ISO50カラーポジフィルム、1／2秒、f32

◉夏の散歩道……夾竹桃（きょうちくとう）

夏風にゆらぐ身近な花

　京に咲く花を語るとき、この花はほとんど話題に上らない。それはインド原産の樹木で、日本に渡来したのが江戸の中期から末期にかけてであり、我々日本人とのかかわりの歴史が浅いからだろうか。あるいはこの花の持つ雰囲気が、日本人の花に対する情緒感と合致しないからだろうか。だが公園や川べりの街路樹として、また寺社の境内の一角で暑い夏の間中、枝一杯に鮮やかな花を咲かせて、我々の目を楽しませてくれている貴重な花なのだ。

　街路樹向きということは、その生命力が強靱で、自動車の排気ガスによる大気汚染にも負けずに育つ。そのため自動車道に並木状に植え込まれ、本当に身近な樹木としてその恩恵をこうむっている。もっとこの花にも気をかけて、撮影しなければと思い、絵になるシチュエーションをさがして街を歩く。

　強靱さと言えば、原爆投下の広島で翌年の夏には、もう花を咲かせたという話を聞いたことを悲しく思い出すのも、私のこの花に対する思いを複雑にしている。そのいかにも強そうな竹の葉に似た針状の葉を、幹や枝を隠すほどに繁らせ、桃のような紅色の花を咲かせる様子は、真夏の暑さをさらに暑く感じさせる。

　最近では原種から改良されて、白やピンク、はては黄色の花まで取りそろえられるようになって、涼しげな京の夏を演出してくれてもいるようだが。

　作例写真は、上京区の古寺浄福寺《じょうふくじ》で。朱塗りの鐘楼のそばに、蟬しぐれの中で夏風にゆらぐ八重咲きの花を見つける。

　五十年近く前、私が小学五、六年のころだったろう、姉に連れられて当寺の境内を通り抜け、歓楽街西陣京極《きょうごく》へ向かっていた。参道に咲く花を見て、「夾竹桃の花咲けば……」と詩か小説の一節を、姉が口遊《ずさ》んだことを懐かしく思い出す。三十年ぶりに西陣の町へ住居を移し、生まれ育った子供のころのことをよく振り返るこのごろである。先日来の夕立ち雨で、花期の盛りはすぎてしまったが、背景の江戸初期に建造された鐘楼は、桃山期の華麗な彫刻が蟇股《かえるまた》や大瓶束《たいへいづか》など随所に見られて素晴らしい。

浄福寺
上京区浄福寺通一条上ル笹屋町
交通［市バス］今出川浄福寺停から南へ徒歩5分

◉夏の散歩道……芙 蓉（ふよう）

気品ある容姿の一日花

芙蓉は猛暑の時に咲くので、夏の花と思われているが、本来はお盆をすぎたころが盛りの、秋の到来を告げる花なのである。

花は主に淡紅色で、ふっくらとした大らかな、気品高い容姿をもつ。また、朝に咲いて、夕方には萎《しぼ》む一日花のせいか、どこか頼りなげでもあり、憂いを感じさせもする。

夏から秋にかけての花で、草花の女王が蓮花だとすれば、花木では芙蓉だと思う。遠目に見てもよし、ぐっと近づいてアップを見ても美しい。当然、写真写りも抜群である。

その名の由来だが、本来中国では芙蓉は蓮《はす》の別名であり、木芙蓉というのが正しい。日本では花が蓮に近似していることから、芙蓉になってしまったといわれる。いささかややこしい話であるが、面白い。

また芙蓉の品種の中に、八重咲きで、朝の咲き始めは白色なのだが、午後には淡紅色に、そして夕暮れどきに紅色に変化する、珍しい酔芙蓉《すいふよう》と呼ばれるものがある。この花は二、三日咲き続け、濃紅色になって萎んで木に残っている。酒を飲んだ時の顔色の変化に似ているから、その名がついた。

芙蓉の花名所をあげると、花の数ならば最近芙蓉の寺としても有名になった、上京の妙蓮寺《みょうれんじ》。千本通りの瑞雲《ずいうん》院《いん》、達磨寺《だるまでら》として有名な法輪寺《ほうりんじ》がよい。祇園の白川、巽《たつみ》橋付近は、清流とお茶屋の佇《たたず》まいが背景となる格好の撮影ポイントである。酔芙蓉では、花の寺で名高い詩仙堂、そして東山の日体寺が隠れた名所であろうか。

芭蕉の句で「枝ぶりの日ごとにかはる芙蓉かな」というぐらい、木の形が変化し、一日花でもあるので、撮影のタイミングが難しい。そして柔らかい日射しか、曇り空で、風のない日を選んで、撮影に出かける。

作例写真は、妙蓮寺。本堂をバックに、ワイドレンズで花を仰ぎ見る。

4×5判カメラ、90ミリレンズ、ISO50カラーポジフィルム、1／8秒、f22

妙蓮寺
上京区寺之内通大宮東入妙蓮寺前町
交通［市バス］堀川寺ノ内停から西へ徒歩2分

●夏の散歩道……送り火・灯籠流し（おくりび・とうろうながし）

京の夏のクライマックス

お盆とは、正しくは盂蘭盆会《うらぼんえ》という。祖先の霊、「お精霊《しょらい》さん」を冥界から現世へお迎えして、数日間家庭でともにすごし、また八月十六日の夜に浄土の世界へ見送る。敬虔《けいけん》な祈りが込められた、心豊かな行事である。

上京に住む我が家では、千本ゑんま堂で知られる引接寺《いんじょうじ》へ八日ごろに詣《まい》り、お精霊迎えの鐘を突く。そして、仏壇に日ごとの定められた御馳走を献立するのが習わしである。

お盆行事の中では、やはり十六日の送り火を写したい。撮影の好適地を事前に調べ、ロケハンする必要がある。五山のすべてを近寄って写そうとすると、最低五年はかかるわけで、満足できる作品が撮れるまでには、さらに数年チャレンジする必要がある。

一年に一度のチャンスだから、手間のかかるわりには、なかなか思うような写真ができないと挫折する人もいるが、写真独自の表現の面白さに一度はまると、毎年送り火の時期が近づくのが楽しみという人は多い。

その気持ちが一種の暑気払い、元気に猛暑の夏をすごす原動力ともなる。

山に近づいて、さらに望遠レンズで燃え上がる火をアップで写すと、迫力豊かに表現できる。また遠く離れた所からでも、町の灯を画面全体に散りばめて、その上に送り火を赤々と写し込むのも、京都らしい情緒がにじむ作品になる。

同じ画面のフィルム上に多重露光の可能なカメラならば、夕方に山の稜線を写し込み、また手前にほかの風景や人物をあらかじめ撮っておく。そしてクライマックスの送り火をその上に重ねて撮れば、ドラマチックな送り火写真の完成だ。ただし山の稜線と送り火とを写すまでの間は、三脚でカメラを固定し、微動だにしない注意が必要である。

作例写真は、鳥居形の送り火に、嵐山の灯籠流しと渡月橋《とげつきょう》とを四重露光合成した。

嵐山
西京区嵐山周辺
交通［京福嵐山線］嵐山駅、［阪急嵐山線］嵐山駅すぐ

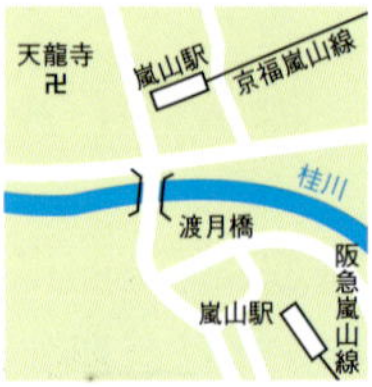

4×5判カメラ、ISO100カラーポジフィルム。①、②山の稜線と鳥居形送り火、400ミリレンズ。①山は1／8秒、f8、②送り火は10秒、f11。③灯籠は150ミリレンズ、15秒、f11。④渡月橋と自動車のライト、210ミリレンンズ、30秒、f11

◉夏の散歩道……**地蔵盆**（じぞうぼん）

子供たちの夏がすぎてゆく

京童《きょうわらべ》にとって、夏休みの最後の楽しい遊びは地蔵盆である。八月二十四日の縁日を中心に二日間、子供を守ってくれる地蔵尊をまつり、子供たちを楽しませる遊びが、各町内ごとに行われる。地域社会において、大人と子供との交流がうまく図《はか》られている。

この祭りが終わると、夏休みの宿題の仕上げに取り掛かるというのが、私の子供のころの夏休みのすごし方であった。

この二日間は京の町中が、もっとも子供たちでにぎわう、華やかな時であったが、最近は少子化と市内人口のドーナツ化現象で、めっきり静かになってしまった。

それでも紙芝居、金魚すくい、福引、各種のゲーム、そして夜には、盆踊りや花火、また近在のお坊さまの出張で、百万遍《ひゃくまんべん》という数珠まわしなど、時間きざみで行事が続く。

そして、西瓜やアイスクリーム、ラムネにジュース。おやつを次々とごちそうになりながら、子供たちの夏はすぎてゆくのである。

私は毎年、この時期には、自転車に乗って、上京、中京あたりから下京の町へと足を延ばす。表通りから裏通りを、そしてさらに奥の路地を巡る。

南無地蔵大菩薩と書かれた赤いちょうちんが下がった夕べ。汗ばんだ肌に、ひんやりした夕風が涼しい。ゆく夏を惜しみながら、遠い子供のころを懐かしく思い出す。

感傷に浸りながらカメラを構える。この日ばかりは、地蔵盆に興じる人々にレンズを向けても、とがめられないのはうれしい。

大人も子供たちも……、そして私の夏も終わってゆく。

作例写真は、西陣の裏通り。昔ながらの、町家の格子を取り外して店の間を開放し、地蔵尊をまつる。道路を自動車通行止めにして、ござを敷き、数珠まわしをしている一コマである。

6×7判カメラ、45ミリレンズ、ISO100カラーポジフィルム、1／15秒、f 8

京の歳時記　8月24日

久多の花笠踊

思古淵神社

京都市最北端の山里。五月五日の午まつりに神社へ祈願した願ばらしの行事で、中世に京都で大流行した優雅な風流踊りを今に伝えている。

花笠というが、実は灯籠で、紙や植木を利用して造花を挿《さ》し、花笠仕立てに作り上げる。そして祭り当夜、花笠を持ち、里を巡りながら神社へ集い、美しい旋律の歌に合わせてゆるやかな盆踊りを奉納する。

秋の散歩道

MIZUNO KATSUHIKO
PHOTO ESSAY

上／十輪寺（西京区）
中右／上御霊神社（上京区）
中左／南禅寺（左京区）
下／常林寺（左京区）

前頁／南禅寺（左京区）

4×5判カメラ、210ミリレンズ、ISO50カラーポジフィルム、1秒、f32

●秋の散歩道……秋海棠（しゅうかいどう）

秋の訪れを告げる可憐な一輪

秋の訪れを真っ先に告げてくれるのはこの花だろう。立秋をすぎたころから庭の片隅で、一輪二輪と可憐な淡紅花を咲かせ始める。

炎暑の毎日をすごす身にとっては、もう少し我慢をすれば、涼しい秋がやってくるのだと、頑張る勇気が湧いてくる。

秋海棠はベゴニアの原種の一つである。現在、春咲きや冬咲きの園芸種のベゴニアが、身近な花壇で流行している。確かに共通して左右不対称の大葉と小葉をつける独特な葉形を持っているが、赤や黄の派手な花を鈴なりにつけるベゴニアは、情緒とは無縁のものだと思われて私は好きになれない。

秋海棠は江戸の初め、中国から渡来したという。外来種だが日本の風土、特に京都の洛北の地に合ったのか、大原や鞍馬、そして貴船の里に半ば野性化して定着している。それは、半日陰の多湿な土地に適応し、本来は温暖を好むが、冬の寒さを球根が地中にあって耐え忍ぶ強さを合わせ持っていたからだろう。

原産地の中国では、春の花を代表する「海棠」の名にちなみ、秋随一の花として「秋海棠」と名付けられたという。

日本人にとっては、春には桜とくらべて海棠に対しては冷淡なので、その名付けには少し不服感があるが、「しゅうかいどう」という音には、どこか涼やかな麗しさを感じるのも確かである。

その葉の並びといい、雄花と雌花とを合わせ持つ花姿は、他の草花とはまったく違う特異さなのだが、古寺や古社、民家の庭の池や水辺のほとりに実によく似合う。

本当に不思議な取り合わせだが、ミスマッチの面白さをはるかに通り越して、京の秋の美しい風景の一つになっていると思う。

今朝咲いたばかりの、庭先の一輪を手折《たお》って、床の間の花器に投げ入れ、独り静かに秋の気配に耳を澄ます。

作例写真は、大原の古刹宝泉院《こさつほうせんいん》。中庭の鶴亀庭園の池の汀《みぎわ》で写す。

宝泉院
左京区大原勝林院町
交通「京都バス」大原停から東北へ徒歩13分

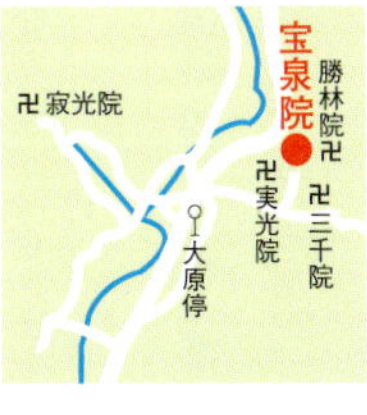

●秋の散歩道……アサギマダラと藤袴（ふじばかま）

蝶と花―初秋の昼下がり

九月に入ると、朝夕めっきり秋めいて、写真撮影に出かけるのが一段と楽しくなる。身近に見かける花や小動物たちの種類も増えて、題材に事欠かない季節が巡ってくる。

ぶらっとカメラを肩に、府立植物園を訪ねてみる。秋の七草の一つ、藤袴を求めて木陰の道を辿って行くと、この時期に必ずと言ってよいほど、アサギマダラチョウに出会う。

「マダラ」という名称は、何やらおどろおどろしい響きを感じるが、日本全土で棲息《せいそく》するマダラチョウ科のものは、これ一種という貴重な蝶で、驚くべきことに、彼らは冬には一三〇〇キロも南方の南西諸島や台湾へ飛び渡り、越冬するという。

普段は山間部で生活している彼らが、このころ市中に降りて来るのは、藤袴など秋の野花を訪ねるためなのだろう。

蝶の生活の営みを邪魔しないように、しばらく花の蜜を吸って夢中になったころを見計らい、身を低くし、そーっと近寄る。マクロレンズを使用して、浅葱《あさぎ》色の羽根が、初秋の日射しに透けた瞬間を狙《ねら》う。

私がこの蝶を好むのは、その「アサギ」という名称にある。私の生家は西陣織の町で、筆と絵の具に囲まれた職業であった。小さいころは、いつもそれらが遊び道具で、中でも「浅葱色」、すなわち少し緑がかった薄い藍色の絵の具が、大変気に入っていた。

柔らかい光の中を、蝶は時に急《せ》かされるように、ひたむきに飛び回っている。浅葱色の涼しげな羽根に、どこか淋しい翳《かげ》をやどして。

藤袴のつつましい赤紫色の花が、微かに揺れている初秋の昼下がり。

作例写真は、府立植物園にて。藤袴の花の蜜を吸うアサギマダラチョウ。

京都府立植物園
左京区下鴨半木町
交通「市営地下鉄」北山駅すぐ、「市バス」植物園前停から北へ徒歩3分

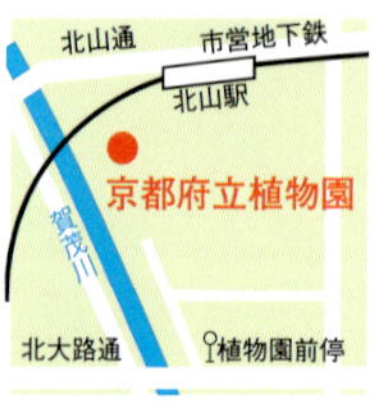

6×7判カメラ、135ミリマクロレンズ、ISO100カラーポジフィルム、1／120秒、f 4

京の歳時記

石清水祭

9月14・15日

石清水八幡宮

石清水放生会ともいわれ、葵祭、奈良の春日祭と並ぶ三勅祭の一つ。葵祭の北祭に対して南祭と呼ばれる大祭である。

深夜、八幡《やわた》山上の本殿を出立した三基の鳳輦《ほうれん》が、松明と提灯に照らされて、平安時代の衣装の神職五〇〇余名の行列とともに厳《おごそ》かに下山、頓宮《とんぐう》へ向かう。朝、頓宮の放生池で、生きものの霊を慰める放生会が催され、魚や鳥が放たれる。

6×6判カメラ、120ミリマクロレンズ、ISO100カラーポジフィルム、1／60秒、f5・6

京の歳時記　9月

晴明(せいめい)神社祭

晴明神社

晴明神社は、平安中期の陰《おん》陽師《みょうじ》として名高い安倍晴明《あべのせいめい》の邸宅あとにまつられている神社。占いの神として京童は「晴明さん」と親しみを込めて呼ぶ。

祭りは、ミニ時代祭といわれ、少年鼓笛隊を先頭に鉾、稚児《ちご》、八《や》乙女《おとめ》、神輿の行列が織物の町、西陣の町並みを楽しく練り歩く。

◉秋の散歩道……トンボ

沈む夕日、ススキ、赤トンボ

スィースィーと空を飛ぶトンボの姿は、初夏のころからよく見られるが、季語の上では秋に属する。

蜻蛉《とんぼ》の古名は「あきづ」、平安以降は、「あきつ」といい、秋津と書き日本国の古名でもあった。

神武《じんむ》天皇が山上から国見《くにみ》をされた際、「蜻蛉《あきず》のとなめの如くにあるかな」と言われた。すなわちトンボの雄雌が互いの尾をくわえ合って、輪をつくり飛ぶ様を大和の国に喩《たと》えた。

そして秋津は大和の国にかかる枕ことばとして、「うまし国ぞ秋津島大和の国は」（万葉集）のように用いられて登場する。まさにトンボは日本を代表する昆虫と言えよう。

私たちのごく身近に棲息する馴染《なじ》み深い昆虫が、かつて国名として使われたことは自然に対する感性の豊かさと、観察の深さにあるのだと感動する。

そう言えば、私も子供のころから折にふれて、トンボの仲間と接してきた。小学生のころは、夏休みの理科の宿題にかこつけて、昆虫採集に明け暮れた。

オニヤンマなど大型のトンボは捕虫網ではとても適わない。そこで、黒糸の両端に鉛の重しをつけ、ガリ版印刷用の原紙でくるんで空高く抛《ほう》り投げて、ヤンマの羽を絡めつけて捕るのである。

その時の掛け声が「ホンチーン、ジャラジャラ」と言って、北野天満宮さんの森や、ちょっとした空地で子供たちの声が、あちらこちらとこだましていた光景を懐かしく思い出す。

またお盆が近づき、オハグロトンボを庭先などで見かけると、祖母から「ほら御先祖さんが帰って来やはったで」と言われ、この時期だけは捕らずに、そっと手を合わせたものだった。

さて、飛んでいるトンボを写すのは難しいので、ここはやはり止まった所を撮るのが基本。トンボは尖《とが》ったものの先端に止まる習性があるから対象をさがそう。

作例写真は、嵯峨野にて。沈む夕日を背景に、ススキの穂に羽根を休める赤トンボ。

4×5判カメラ、75ミリレンズ、ISO50カラーポジフィルム、1秒、f32

京の歳時記　9月9日

烏（からす）相撲　上賀茂神社

九月九日は重陽の節句である。菊の節会ともいわれ、当社では本殿に菊の花に綿をかぶせて献花する。そして境内細殿《ほそどの》前に土俵をつくり、少年たちによる相撲を奉納する。

賀茂族が八咫烏《やたがらす》を遠祖とする伝承により、二人の刀禰《とね》（神職）が「カーカー」「コーコー」とユーモラスに鳴きまねをして相撲を開始するのが面白く、当社の古代に遡《さかのぼ》る歴史の古さをも感じさせる。

◉秋の散歩道……竹　林（たけばやし）

天に伸びる力強さと美しさ

みずみずしい竹の葉をサワサワとゆすりながら、涼しい風が秋を連れてくる。京都の風景美の一つ竹林を撮影するには、遠景は夏でもよいが、近づいて竹林の中に入ると、藪蚊のいなくなる秋から冬にかけてがベストである。

京都盆地周辺の竹林は、おもに真竹か孟宗竹で、春の筍《たけのこ》の出るころに葉が黄色に紅葉する（竹の秋という）。そして夏に新しい葉が出る（竹の春）。そして秋が竹にとっては夏であり、撮影のシーズン到来といえる。

孟宗竹が中国から渡来したのは、十七世紀と推定されるが、またたく間にその生命力の強さから本州全土に広がり、今や日本の原風景化している。その筍の美味しさと生活用具の材料として、日本人は竹を生活や暮らしの中で重用し、そして景観美としても長い年月つきあってきた。

京都の郊外に出かけると、野から山に接するなだらかな丘陵地帯に、広大な竹林が見られる。

かつては嵯峨野一帯、長岡丘陵、八《や》幡《わた》から田辺一帯、桃山丘陵と、京都盆地はほぼ竹林で囲まれて、そのさらに奥に東山や北山、そして西山が連なっていた。つまり竹林は町という人工空間と山岳の自然空間との緩衝地帯という不思議な空間であるといえよう。

また竹は植物学的にみても草でもなく木でもない、すなわち子供である筍が、わずか数か月で大人の竹に成長する生命力と数十年間も毎年その子育てを繰り返す長寿命は、草木の常識をはるかに越す神秘性をもっている。竹と身近に接して、私たちは素晴らしい異空間に感動する。そしてシャッターを押すのだと思う。

作例写真は、北嵯峨、後宇多天皇陵付近の竹林。真っ直ぐ天に向かって伸びる今年竹の美しさを、超広角レンズで力強く表現する。

後宇多天皇陵
右京区北嵯峨朝原山町
交通［市バス］大覚寺停から北東へ徒歩15分

4×5判カメラ、ISO100カラーポジフィルム。①小倉山は300ミリ、1秒、f16。②ススキは150ミリ、ストロボ光、f11。③月は400ミリ、1秒、f11

◉秋の散歩道……中秋の名月（ちゅうしゅうのめいげつ）

一人静かに月を楽しむ

祭事として名月を観賞するのなら、大沢池の名月舟遊や、下鴨神社の名月管弦祭が、雅やかな京の風情を味わえる。

一人静かに月を楽しむのなら、大沢池近くの広沢池などは、どうだろうか。古来、都を離れて月を嵯峨野に求めるのは、その侘《わ》びた景色だけではなく、京都盆地への月の出の時刻を邪魔して、遅らせる東山から遠く離れるのが、目的であったとも思われる。

夜ごとに丸く満ちてくる月を眺めながら、指折り数える待宵の夕べにさえ、ひとときでも早く月の出を見たいと急《せ》く、その心根のなせるいじらしさ。十五夜の月に寄せる憧憬の深さはいかがばかりであっただろう。

しかし、あえて東山の大文字の麓に別業を求め、銀閣を設営した足利義政は、風流にも昇る月の障《さわ》りになる赤松を山に植樹し、月待山と名付けたという。都ではもう、月の出が始まっているであろうとき、山の端《は》の月代《つきしろ》を眺めながら、ひたすら月の出を待ち焦がれる心。赤松の枝に見え隠れする今宵の月こそ、最上の喜びであったに違いない。

さて、月を風景写真として撮るには、「送り火」のときにも述べたが、多重露光という一種の合成写真技術を使うのが常套《じょうとう》である。手前の地上の風景を広角や標準レンズで、あらかじめ露光し、同じフィルム上に望遠レンズで月を写す。

月を標準レンズで撮ると星くずのように小さく写ってしまい、かえって不自然になる。月を目で見ている時は、錯覚と期待で大きく見えるが、カメラは正直に実物通りに写してしまうのである。標準レンズの三〜五倍の望遠レンズが適当であろう。多重露光手法の魅力にハマッテしまうと、楽しくてたまらなくなり、表現の可能性は無限に広がってゆく。

作例写真は、嵯峨野の中秋の名月を三重露光で写した。

銀閣寺
左京区銀閣寺町
交通［市バス］銀閣寺道停から東へ徒歩10分

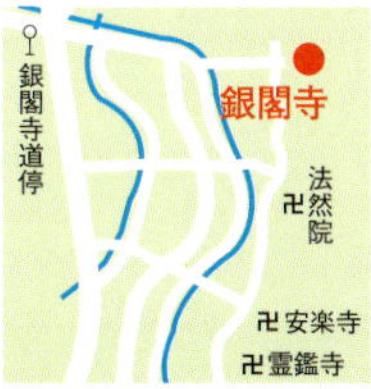

●秋の散歩道……萩（はぎ）

深まってゆく秋を思う

秋の七草のなかで、まず思い浮かぶ萩《はぎ》の花は、古来山野のどこにでも自生していたマメ科の亜灌木である。人はそのささやかな小花に、自然の恵みを知り、ほろほろとこぼれる可憐な風情に、移ろいゆく時の無常を重ね合わせたのだろう。

「万葉集」において、植物のなかで、もっとも多く題材として、また「古今集」や「和漢朗詠集」など、古くから数々の詩歌に詠《よ》まれている。身近な、親しまれた花であった。

萩の名所として、優美な所では、京都御所内の「萩壺」。京都御苑の旧近《この》衛《え》邸付近。上賀茂神社の雅びた殿舎のそばに、所を得て植栽されて、境内を流れる楢《なら》の小川に、その小花を散らしている。

寺院では洛西の龍安寺《りょうあんじ》、石庭への参道にしだれる花も、龍安寺垣といわれる竹垣もそして石畳も、秋の長雨に濡れて、その小判形の葉の上に雨粒が真珠の玉のように光っている。

鴨川周辺の、水はけのよい砂地が、生育に適したのであろう。市中でも群生する所が二か所ある。

一つは近年、萩の寺として親しまれる出町柳の常林寺《じょうりんじ》、小さな山門をくぐると、庭全体がうねる萩の海。紫色の花に混じって咲く白い花は、打ち寄せる波のしぶきのよう。

もう一つ、寺町広小路《ひろこうじ》の梨木神社《なしのき》は萩の宮として有名で、例年萩まつりが優雅に行われる。

また東山では、高台寺《こうだいじ》の重厚な伽藍を背景に、秋の風に戦《そよ》ぐ。吉田山の迎《こう》称寺《しょうじ》の侘《わ》びた築地塀ぞいの萩の生け垣。真如堂《しんにょどう》では、三重塔そばに一叢《ひとむら》の萩が、茶店の灯火を背に、小さな滝のように花を流れ落としている。その控えめな紅紫色の花に、日一日と深まってゆく秋を思う。

作例写真は、梨木神社の萩まつり。寄せられた俳句の短冊が、萩の枝に下げられている。

梨木神社
上京区寺町通広小路上ル染殿町
交通［市バス］府立医大病院前停から西へ徒歩2分

6×7判カメラ、75ミリシフトレンズ、ISO50カラーポジフィルム、1／4秒、f16

曼珠沙華 ― 天上に咲く赤い花

別名の曼珠沙華《まんじゅしゃげ》は梵語で天上に咲く赤い花の意味である。

京都地方では「死人花」、他地方でも「幽霊花」、「地獄花」、「捨子花」など悪い意味の俗称が多い。それは、秋の彼岸のころに、ちょうど満開時期を迎えるので、墓参の人の心を慰《なぐさ》めるために墓地に植えられたのが転じて、忌み嫌われる名が付いたのであろう。

この花は葉の出る前に、細長く伸びた茎の先に鮮烈な赤い花を吹かせ、彼岸をすぎると、いっせいに花を枯らせ、そのあと冬が近づくと、真緑の細長い葉が地上を覆うように茂る不思議な生態をもっている。

また球根や鱗茎に毒性があって、その毒性を逆利用して、ノネズミやモグラの害から田畑を守るために、畦《あぜ》に植えられた。

また飢饉の際には除毒して食し、飢えをしのいだという。

子供のころ、親に内緒で花を集めて結びつなぎ、首輪などを作った思い出を持つ人は多いだろう。

この花に対する評価の振幅が激しいことは、ちょっとドラマティックで私は好きだ。

だから美しい花を迷信ぬきに、素直に受け入れる合理精神を持つ欧米では、品種改良が盛んに行われ、園芸種がたくさん作られて、フラワーアレンジメントの花材として好んで用いられている。

近ごろの日本の農作業は機械力に頼るようになって、田畑の区画整備が進み畦道が直線化して、新しく彼岸花の球根を植え付ける習慣もなくなり、花が激減してしまったのは本当に残念なことである。

これも世の移り変わりなのだろう。町だけでなく田舎も味気なく変貌して行く。

作例写真は、北嵯峨にて。刈り入れ間近いもち米の稲穂の黄金色と野菊の淡紫に囲まれて、強烈な赤い花が自己主張している。背景の旧家「井上家」の風格たっぷりの茅葺き家屋と真っ白な土塀が、嵯峨野風情を増している。

4×5判カメラ、120ミリレンズ、ISO50カラーポジフィルム、1／4秒、f32

4×5判カメラ、180ミリレンズ、ISO100カラーポジフィルム、1／2秒、f22

伏見祭

御香宮神社

御香宮《ごこうのみや》神幸祭は、当社が伏見九郷の総鎮守なので伏見祭といわれ、また中世の昔から風流傘が参加したので、花傘祭とも呼ばれる。宵宮の九日夜、各町内が創意工夫して作った花傘の行列が、一番の見どころで、また十日の三基の神輿《みこし》渡御も勇壮な洛南随一の大祭である。

●秋の散歩道……収穫祭・瑞饋神輿（しゅうかくさい・ずいきみこし）

五穀豊穣、神への感謝

十月は我々日本人の主食である米をはじめ、穀物や野菜、そして木の実の収穫の季節である。それら食物の恵みを神に感謝する神事が、随所で行われる。今は市街地に取り込まれたが、かつては郊外であった食物の供給地、農村地帯の氏神社を訪ねてみよう。

一日～五日は北野天満宮の秋祭。七日の北白川天神宮祭は高盛御供《たかもりごく》と呼ばれ、古代の献饌《けんせん》の形を今に伝える。前夜から夜を徹して盛方衆の手によって新米、子芋、大根なます、刻みするめなどを、味噌をつなぎとして円錐形に盛り上げて作られる。

他にも神饌で珍しいのは宇治市白川の里、白山《はくさん》神社の「百味《ひゃくみ》の御食《おんじき》」で、その名のごとく数多くの食物を使って飾る。伏見稲荷大社では、神田の稲を刈る抜穂祭《ぬきほさい》が二十五日に催される。

天下の奇祭として知られる太秦《うずまさ》の牛《うし》祭《まつり》（広隆寺《こうりゅうじ》、大酒《おおさけ》神社）と八瀬秋元神社の赦免地《しゃめんち》踊りは十日の夜。その昼には御香宮《ごこうのみや》神社の祭礼、別名伏見祭と呼ばれ、美しい趣向をこらした花傘の行列が見ものである。

同じく洛南の城南宮《じょうなんぐう》では二十日が神《み》輿《こし》巡行で、別名餅祭といわれ、五穀豊穣を祝って、氏子の家々では客にたくさんの餅がふるまわれたという。与謝蕪村の俳句に「腹あしき僧も餅食へ城南宮」という面白い句がある。

勇壮な神輿巡行の春日《かすが》神社祭、提灯を飾りたてる粟田《あわた》神社祭。亀岡祭、保《ほ》津《づ》の火祭など十月は祭礼にいとまがなく、京童の祭り好きも極まった感がする。

それらに参加するのはもちろん、見物するのも、撮影するのにも胸のときめきが止まらない季節である。

作例写真は、北野天満宮（→P.17）の瑞饋神輿を克明にとらえようと、大判カメラで迫った。屋根に芋茎《ずいき》を葺《ふ》くため、おめでたい「瑞饋」の字を当ててその名がついた。色とりどりの野菜や果物で飾りたてられた神輿は芸術の域にまで達している。

広隆寺
右京区太秦蜂岡町
交通［市バス］右京区総合庁舎前停から北へ徒歩1分、［京福嵐山線］太秦駅から北へ徒歩1分

4×5判カメラ、120ミリ、ISO50カラーポジフィルム、1.5秒、f32

京の歳時記　10月12日

牛祭

広隆寺

京都三大奇祭の一つ。元は広隆寺の伽藍神であった大酒神社の祭という。平安期に恵心僧都源信が摩吒羅神《まだらしん》を勧請《かんじょう》して厄除神事を行ったのが始まり。仮面をつけた摩吒羅神が、大きな黒牛にまたがり、松明《たいまつ》を持つ四天王をしたがえて、境内周辺をめぐる。その後祖師堂で長々と祭文を読む。のんびりと、そしてユーモラスな魅力ある夜祭りである。

●秋の散歩道……コスモス

人の心を優しく包む

傾く秋の陽に、花びらを透かして秋風に揺れるコスモスの花。

はるかにかすむ山並みをバックに、野辺を彩《いろど》る赤や桃色、黄や白色の乱れ咲くコスモスに出会うとき。私には花たちがそっと首をかしげてささやき合い、あるいはうなずき合って、夕暮れのひとときを遊んでいるように見えるのだ。

ほんのりと茜《あかね》色に染まった西の空に、くっきりと影絵のように浮かび上がり、やがて夕闇に溶け込んでしまうその繊細な花々には、人の心を優しく包み込む、不思議な力が潜んでいるように思える。

コスモスは一年草で原産地はメキシコ。日本へ渡来して日は浅いが、その明るさと愛くるしさで人の心をとらえ、「秋桜」という和名を与えられ親しみを持って迎え入れられた。

現在では品種が改良されて、一重咲きに八重咲き、そして絞り咲きのものが加わり、色ではえんじ、橙《だいだい》色などさまざまな花の姿を楽しむことができる。各地の休耕田や山の裾野の爽快な青空を背に、風に戦《そよ》ぐコスモスの群生は、今では日本の原風景の一つになっている。

私は京の風景を撮るに際して、曇りか雨の日を選んで出かけるのを常としているが、この花ばかりは快晴の日を待って、近郊のコスモス畑へ向かう。

西山の長岡京、大原野そして嵯峨野を訪ねてみよう。洛北ならば大原の休耕田、さらに奥の小出《こで》石《し》の農家の庭に、ひっそりと咲くコスモスを見つける。野分きの後のゆっくりした秋の一日、伏見の里の石峰寺《せきほうじ》で、茎を倒しても花を咲かせている健気《けなげ》な、ひとむらのコスモスに、心を寄せながらカメラアングルをさがす。

作例写真は、奥嵯峨の越畑《こしはた》の里。里人によってコスモスが育てられ、近年メキシカンセージの紫花も加えられ、高原の花畑として、一躍観光客の目を楽しませている。秋雨に冷やされて遠山に霧が立ち情感が盛り上がる。

6×7判カメラ、75ミリシフトレンズ、ISO100カラーポジフィルム、1／2秒、f22

●秋の散歩道……貴船菊（きぶねぎく）

町中の喧騒を逃れて洛北へ

秋も深くなると、ふと風に誘われて洛北の地へ足が向く。そこは京都では一番早くに季節が進むという気がする。町中の喧騒《けんそう》から離れて、精神的な何かを取り戻すために、深い樹木に囲まれて静かなひとときを持ちたくなるからだろうか。この季節、この地を代表する花として貴船菊がある。

一般名は秋明菊《しゅうめいぎく》だが貴船渓谷の地名をとった通称名が、日本中に知れ渡ったのは、やはり貴船という土地に、人々が心引かれるものがあるからだと思う。

この草花は正しくは菊の仲間ではなく、キンポウゲ科の宿根草である。紅紫色の三〇枚以上もの花弁をもち、いかにも菊に似た八重花を秋に咲かすので秋明菊と名付けられた。

元は中国から渡来したと言われ、野性化して京都の貴船を中心に、北山一帯に広がったので、貴船菊と呼ばれるようになった。

また英語名をジャパニーズ・アネモネといい、かつて日本からヨーロッパに伝わった。白や淡紅色の一重咲きのものは、アネモネの花によく似ているのでなるほどと思う。

だが、今では北山の山中で自生のものにはほとんど出会えない。人の手によって採りつくされてしまったのが現状で、その代わりと言っては何だが、貴船神社や中川町の宗蓮寺《そうれんじ》、大原古知《こち》谷《だに》の阿弥陀寺《あみだじ》など森厳な雰囲気の社寺や北山の隠れ里の民家の庭に、ひっそりと守り育てられている花むぐらに出会うと本当にうれしくなる。

実が成らず根によってしか繁殖しないので、人の助けがなくては、絶滅してしまう種なのかもしれない。

秋明菊の名のごとく明るくて華やかで、なよなよとした細長い茎のわりに大輪の花は、北山山中のほの暗さとはアンバランスで不思議な美を感じる。

作例写真は、貴船から北へ一山越えた芹生《せりょう》の里にて。茅葺き民家を背景に咲く花が、静かな山里に華やかな彩《いろど》りを添えて、秋はゆこうとしている。

◉秋の散歩道……菊（きく）

駆け足でゆく秋を惜しむ

北山の小道を歩くと、道端に薄青紫の野紺菊《のこんぎく》が点々と咲いて、峠道へと誘ってくれる。大原や洛南の里では、稲刈りのすんだ畦《あぜ》道に、嫁菜《よめな》が可愛い顔を秋の陽に向けて咲いている。

鞍馬や鷹峯《たかがみね》、鳥羽や伏見へぬける街道筋の民家の軒先には、紅殻格子《べんがらごうし》を背景に、一本仕立ての色とりどりの大輪の菊の鉢が、見事に並べられているのをよく見かける。

かつて江戸時代、この時期には「七夕の花展」といって、各寺院で生け花展が催された。今も近郷近在の菊栽培自慢の人々が、寺社へ鉢植えの菊を献花する風習が残っていて、参拝人の目を喜ばせている。

菊の名がつく種類は数多くあって、先ほどの野紺菊や嫁菜を総称して野菊という。

栽培種は野菊に対して家菊といわれ、それこそ多種多様で露地植えの切り花用のものから、鉢植えで楽しむものまで。鉢物も大菊や古典菊は普通一本仕立て、小菊は懸崖《けんがい》仕立てなどと、栽培方法までを含めると、実に千変万化の菊を日本人は楽しんできたと思う。

地方色も豊かで京都では嵯峨菊、また江戸菊や肥後菊など、さほど身近な花であった。

季節は駆け足で通りすぎてゆく。つかの間の秋だからこそ、少しでも長く止まってほしい。ふと野辺の野菊に語りかけて、惜しむ深秋のひととき。

作例写真は、真如堂《しんにょどう》山内の吉祥院《きっしょういん》。朱塗りの山門を入って、右斜めの木々に囲まれた小道をたどると、「今年も菊が咲きました、どうぞ御自由に見て下さい」と優しく書かれた札が、木にかかっている。

ご住職の三十八年来の丹精で、今秋もとりどりの菊花が迎えてくれる。本堂への表参道から離れた、この付近の侘《わ》びた風情が好きで、いつも知らず知らずのうちに門の前に佇《たたず》む自分に気づく。

吉祥院
左京区浄土寺真如町
交通［市バス］真如堂前停から北西へ徒歩7分

4 × 5 判カメラ、180ミリレンズ、ISO100カラーポジフィルム、2 秒、f32

練り歩く若衆と燃え上がる大松明

　数多くある京の祭りのなかで、私が特に好きなものは、鞍馬の火祭りである。その理由の一つは、祭りを支える氏子の住む鞍馬の里の佇《たたず》まいが美しいこと。街道ぞいに立ち並ぶ紅殻格子《べんがらごうし》の家々と、それを守り伝えている里人の心意気。その人々の祭りが由岐《ゆき》神社の勇壮な火祭りである。

　祭りに参加する若衆の衣装がまた素晴らしい。さがりをつけた姿は、我々の祖先、海彦山彦を彷彿《ほうふつ》とさせ、豪華な刺繍《ししゅう》の化粧まわし、友禅染めの着物は、さすが京都ならではと思わせる。

　祭事のクライマックスは十月二十二日の夜なのだが、その主役の松明づくりは、六月ごろから材料調達の準備が始められ、工芸技術を駆使して一か月近くの時間をかけて完成する。荒ぶる勇壮な火祭りだけが観光客の注目を浴びるなかで、その松明づくりの苦労にも目を向けたいと思う。

　もうずっと以前、私の娘が七歳の時に、小松明をかつぐ稚児《ちご》の正式な衣装で参加したことがあった。その当時、里の古老ご一家と親しく交際しており、足しげく通っては鞍馬や北山一帯の昔話を聞かせてもらった。

　彼は若いころ、山野を駆けめぐる仕事に従事しており、都会に住む者にとっては、山の自然とともに生きてきた明治人の経験は、得がたい貴重な物語であった。その声を聞き、人柄にふれたことは、現在、自然風景に写真を向ける時の私の大切な心の財産となっている。

　さて火祭りの終わった数日後に里を訪れると、家々の裏庭に華やかな色合いの化粧まわしや衣装が洗濯され、陰干しされている光景が懐かしい。山里に晩秋の訪れは早く、周囲の山に目を向けると、もう頂《いただき》では落葉樹の紅葉が始まっている。

　作例写真は、「サイレヤ、サイリョウ」とかけ声をかけながら、大松明をかついで練り歩く若衆。その勇ましい動きと燃え上がる火の迫力、スローシャッターで火を、ストロボ光で人物を表現する。

鞍馬の里
左京区鞍馬本町
交通「叡山電鉄鞍馬線」鞍馬駅すぐ

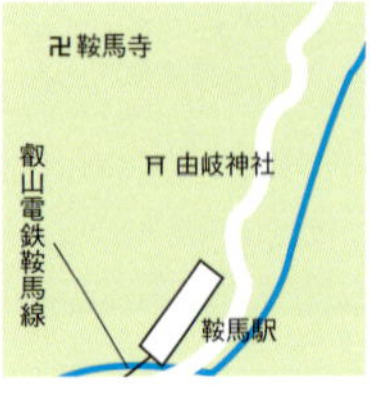

6×7判カメラ、75ミリレンズ、ISO100カラーポジフィルム、1／2秒、f11、ストロボ光同調

京の歳時記

人形供養

10月14日

宝鏡寺

歴代皇女が入寺した尼門跡は、「百々《どど》御所」と呼ばれる。遺愛の人形が数多く保存されており「人形寺」として親しまれ、春秋の二回一般公開される。祭事は境内の御所人形を模した石造の人形塚の前に、全国から持ち寄られた多数の人形たちの霊を慰める法要ののち、本堂で島原の太夫の舞いが奉納される。

◉秋の散歩道……茶の花（ちゃのはな）

京都の誇る日本一の風景

　われわれ日本人にもっとも身近な飲み物「茶」、しかしその茶の木の花を見たことがある人は意外と少ない。

　また最近では日常に飲む茶を自製する家庭は、ほとんどなくなってしまった。かつては農家や郊外の民家では、生垣として茶樹を植えているのはごく普通であったのだが……。

　京都には宇治茶で知られた日本で有数の茶所がある。だが良質の茶葉を製するのには、開花は不適切とされて、蕾《つぼみ》のうちに採られてしまうから、宇治や宇治田原など洛南の広大な茶園でも、茶の花はほとんど目につかない。

　花を楽しむ椿《つばき》や山茶花《さざんか》と同属なのだが、茶の花は花弁が小さく、よく茂った濃い緑の葉の陰で、ポツリポツリと咲くために、あえて意識して見なければ気づかないのかもしれない。

　だが通りすがりの寺院、たとえば真《しん》如堂《にょどう》などや民家の庭先に、茶の木は結構忘れられたように植わっていて、晩秋、白い五弁花の真ん中に真っ黄色な蕊《しべ》を群がりつけて、実に可愛く咲いている姿に、しばしば出会うことができる。

　さて京都は日本の茶の発祥地だといっても過言ではない。平安時代以前から、中国より茶製品を輸入し貴重な薬として飲用していたが、本格的に茶樹を日本にもたらし、茶の栽培の成功と喫茶の方法を広めたのは、鎌倉時代に日本で最初の禅宗寺院を東山に建立した栄西禅師《ようさいぜんじ》である。

　その建仁寺《けんにんじ》境内には、禅師ゆかりの茶の木が生け垣となって栽培されており、白い小花が点々と数百メートルに渡って咲き続いている。地味だが、これも〝京都が誇る日本一の風景〟の一つだと私は確信する。

　一メートルほどの高さに刈り込まれて続く参道の生け垣に、かがみ込んで撮影をしていると、そばを通りすぎる人が、何の写真を撮っているのだろうと怪訝《けげん》そうに見ながら立ち止まりもせず去っていく。この素晴らしい景色を独り占めしているのだと思うととてもうれしくなってくる。

　作例写真は、建仁寺山内にて。佛殿の花頭窓《かとうまど》を背景に、禅苑の雰囲気を盛り込んで写す。

建仁寺
東山区大和大路通四条下ル四丁目小松町
交通［市バス］東山安井停から西へ徒歩3分、［京阪本線］四条京阪駅・［市バス］四条京阪前停から東南へ徒歩8分

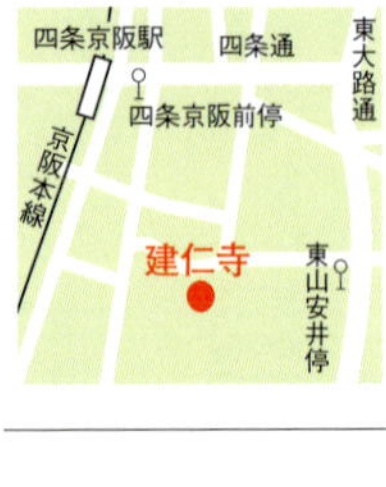

6×7判カメラ、75ミリシフトレンズ、ISO50カラーポジフィルム、3秒、f32

6×7判カメラ、75ミリシフトレンズ、ISO100カラーポジフィルム、2秒、f32

◉秋の散歩道……石　蕗（つわぶき）

心地よい純粋な色合い

晩秋から初冬にかけての何やら物寂《ものさび》しい庭の片隅で、ゆく秋の悲しさを慰めてくれるのが、石蕗の花である。

その真っ黄色の花は、一歩間違えると派手派手しく、人によっては毒々しく感じるかもしれない。際《きわ》どいところで、ぐっと踏み止《とど》まったような純粋な色合いで、休眠の季節へ移りゆくこのころの沈んだ気分を和ませてくれる。

それはその黄色が紅がかったり、あるいは青味がかったりせず、潔い色と言ってよいのだろうか、真に黄色と私には思えて、華やかすぎずまた冷たすぎず、実に心地よいのが堪らなく好きである。

蕪村の俳句に「さびしさの眼の行方や石蕗の花」というのがあってまさに視覚的に、この季節の民家の庭であろう光景と、それを見る者の心をうたい切って、私たちに伝えてくれる。

私が晩秋の庭の景色を写真で表現する時にも、この句のようにキッパリと撮り切りたいと常々思う。

石蕗はその葉の形が蕗《ふき》に似て、つやつやとしているのでツヤブキ、変化してツワブキと名付けられたという。野性のものが生育するのは、海岸に近い山中なので、京都で出会うのは、人の手によって植栽されたものである。

その緑の葉の美しさから、花期だけでなく、普段の季節にも庭の緑として楽しまれている。この花の咲く庭園としては鳥羽の城南宮《じょうなんぐう》神苑や洛北の詩仙堂がある。

また円山《まるやま》公園から南へ、最近整備された石畳の「ねねの道」を歩むと、豊臣秀吉公の正妻北政所《きたのまんどころ》ねねが、晩年住んだ所、現在の圓徳院《えんとくいん》が右手にある。

長屋門形の山門からそっと覗《のぞ》くと、端正な石畳参道の脇に、点々と花が咲いている。

折からの秋の細雨に、庭の濃緑《こみどり》の苔は漆黒に沈み、花は黄金色に浮かび上がってくる。まるで北政所ゆかりの高《こう》台寺蒔絵《だいじまきえ》のようで、しばし魅せられてしまう。

作例写真で、その雰囲気が伝えられただろうか。

圓徳院
東山区下河原通八坂鳥居前下ル下河原町
交通［市バス］東山安井停から東へ徒歩5分

6×7判カメラ、135ミリレンズ、ISO50カラーポジフィルム、PLフィルター、1／8秒、f16

◉秋の散歩道……銀杏のもみじ（いちょうのもみじ）

他を圧倒する黄金色の輝き

銀杏の紅葉は、黄葉と書いて、もみじと読むのがふさわしいと常々思っている。たくさんの落葉広葉樹のなかで、もっとも鮮やかに黄葉するのは銀杏であろう。その黄金色の美しさは、他を圧倒し見るものの心をうばう。

銀杏は日本では自生種がなく、古くに中国からもたらされたという説が有力だが、日本の気候風土によく馴染《なじ》んだのであろう、古木が数多く存在する。そしてその黄葉は、日本の秋を飾る典型的な風景の一つである。

また銀杏は遠くは一億年以上も昔、古生代からの生き残りの樹木であり、生ける化石樹としても貴重で、その歴史はまったく尊敬に値する。

別名の「公孫樹《こうそんじゅ》」は公が植えて、孫の代にやっと実が成ることを意味するが、その長寿さに人々の深い憧《あこが》れが込められているのだとも思う。

銀杏の木は保水性が強く付近の建造物を火災から守るといわれる。また樹下に他の草木を寄せつけない特性が重宝されて、社寺や公苑に古くから植樹された大木が多い。

西本願寺の「水噴きの銀杏」は有名で、天明の大火（一七八八年）から、当寺の伽藍への延焼をふせいだという言い伝えがあり、この木は健在で今年の秋も黄葉が楽しめることだろう。

市内の名所としては北から山里小野郷の落葉《おちば》神社。ここは名のごとく、晩秋には落葉が境内の地面を黄色に染め上げてゆく。下鴨神社の糺《ただす》の森の原生林の中で、西日を浴びて輝く樹は爽快である。

応仁の乱の発端地、上御霊《かみごりょう》神社の森の中では、社殿に囲まれてひっそりと立つ老木が、辺りの空気を金色に変えている。京都御苑の広大な森の中には、さがせば数十本の古樹が見つけられるだろう。下京では東本願寺の門前に、噴水のきらめく流れと競い合っている大銀杏の林がある。伏見の長建寺《ちょうけんじ》では、龍宮造りの山門との美しい重なりが楽しめる。

作例写真は、平安京造営の功労者、和気清麻呂《わけのきよまろ》公をまつる護王《ごおう》神社。拝殿のそばに、真青な空を背景に光る黄葉の大樹。

護王神社
上京区烏丸通出水上ル桜鶴圓町
交通［市バス］烏丸下長者町停すぐ、［市営地下鉄線］丸太町駅から北へ徒歩5分

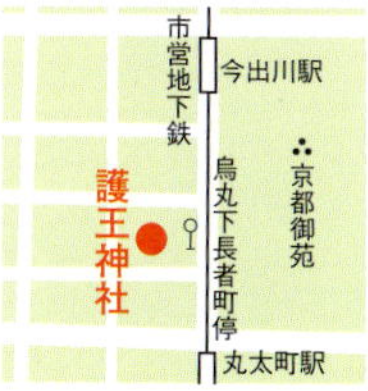

4×5判カメラ、180ミリレンズ、ISO50カラーポジフィルム、1／2秒、f22

●秋の散歩道……楓の紅葉（かえでのこうよう）

燃え上がる秋の山々

毎年、鞍馬の火祭りが終わると、まるでその松明の炎が燃え移ったかのように、北山の峰の雑木が色付き始める。

まず広葉落葉樹の欅《けやき》、櫟《くぬぎ》、櫨《はぜ》、桜などが楓《かえで》に先駆けて紅葉する。

私は十月の末あたりから、花背峠付近の山のそれらの紅葉から撮影し始めるが、北は日本海まで連山が深く続いて雄大なスケールである。

やがて木枯らしに急か《せ》され、また北山時雨《しぐれ》に洗われて、十一月の十日ごろには、市内の山麓の寺社の楓が、枝の先から黄色く、しだいに紅色に、そして真っ赤に紅葉する。

京都一の紅葉の名勝地は、やはり高雄周辺だろうか。楓の代表種イロハカエデは別名タカオカエデと呼ばれるほど、古くから観楓《かんぷう》の地として有名である。神護寺《じんごじ》、高山寺《こうざんじ》、西明寺《さいみょうじ》など古刹《こさつ》の佇《たたず》まいとの組み合わせが美しく、渓流沿いをたどり、清滝《きよたき》までを含めると、一か月は紅葉が楽しめる。その地形の複雑さから、撮影の題材にも事欠かない。

私が最近好きな所では、西山の善峯《よしみね》寺《でら》をあげる。境内から眺める山の楓の紅葉は一目百本。紅色の中に微妙な色の変化があって、紅葉群が眼前に迫る光景は錦繡《きんしゅう》そのもの。長焦点レンズを使って引きつけて撮影する。また、伽藍の堂舎群との取り合わせも面白い。

他にもほんの数本の紅葉であっても、見る者の心を満足させてくれる所はいくらでもある。古社寺の建物を背景に、所を得て植栽された楓を訪ねてみよう。

南禅寺三門を背に、東山から昇る朝日を逆光に受けている楓の老樹。落葉焚きの煙がただよう二尊院《にそんいん》参道。ひっそりと時雨に打たれている金福寺《こんぷくじ》の芭蕉庵など、静かな雰囲気を求めて、秋雨の中をひたすら歩き続ける。

作例写真は、嵯峨野小倉山の常寂《じょうじゃく》光寺《こうじ》。竹林のそばに、紅と黄の楓の紅葉が、枝をさしかけている。嵯峨野の秋は、ここに極まった感がする。

常寂光寺
右京区嵯峨小倉山小倉町
交通 ［京福嵐山線］嵐山駅から北西へ徒歩18分、［JR嵯峨野線］嵯峨駅から北西へ徒歩23分、［阪急嵐山線］嵐山駅から北西へ徒歩28分

4×5判カメラ、120ミリレンズ、ISO50カラーポジフィルム、3秒、f32

●秋の散歩道……落ち葉（おちば）

秋の終わりを告げる絨毯道

雨まじりの木枯らしが吹き荒れた朝、楓《かえで》など落葉樹は、つい昨日まで華やかに身にまとっていた紅や黄の衣を一夜で脱ぎ捨てる。寺社の苔の庭や石畳の参道は、おびただしい木の葉で真紅に染め上がる。いよいよ錦繍《きんしゅう》の秋のフィナーレ、それは一つの季節の名残《なごり》の華やかさ。厳しい冬の到来を告げると同時に、やがて巡り来る春の再生までの休息の序曲。

今秋も観楓《かんぷう》に大勢の人々が繰り出したであろうが、この紅葉最期のページエントを見ずして、紅葉狩りをしたとは言わせない。この贅《ぜい》の限りをつくした落ち葉の絨毯《じゅうたん》の道を歩かずして、京の秋を旅したとは語れないと思う。強い風をともなった雨の夜は、夜半から明日はどこへ出掛けようかと床の中で心ときめく。

今年もこの自然の見事な幕引きに出会えるうれしさ。

当然、毎年紅葉の撮影に出かけているのだから、おおむね予想はつくのだが、最高の条件の美しさに出会えるかどうかは偶然性がともなう。写真は出会いなのだ。自分の計画を立てた通りに写っては、まとまりすぎて面白くない。その一瞬一瞬にすばやく対応し、その中に自分の想像を投影する。

私たちは刻々変化する森羅万象の中で、自然によって生かされているのだと思う。その中に謙虚に自分の身をゆだねたとき、人は自然の大きさを知り、素直に同化できるのではないだろうか。

奥嵯峨の小寺の叢祠《そうし》の前で、古池の落ち葉にレンズの焦点を合わせていると、風もない水面が不意に揺れて、一枚の紅葉がスーと水底に沈んでゆく。その微かな動きに誘われてシャッターを切る。

作例写真は、東山山麓の私のもっとも好きな散歩道、本来の哲学の道に面した安楽寺《あんらくじ》参道。昨夜の雨風で、石段は落ち葉の絨毯を敷きつめたよう。ティルト（アオリ）技法で手前の葉から一番奥の葉まで、カッチリとピントを合わせる。

安楽寺
左京区鹿ヶ谷御所ノ段町
交通［市バス］法然院町停から東へ徒歩6分・錦林車庫前停から東へ徒歩10分

◉秋の散歩道……柿（かき）

輝く朝の光の中にたわわの実

遠く平安時代には、源仲正が「世の中に嵐の風の吹きながら実をば残せる柿のもみじ葉」と歌ったように、当時は柿にかんしては、実よりも紅葉が美の対象になっていたようだ。

現在の京都では、実を食用する柿の産地として、洛西大枝の里の富有柿が一番にあげられる。また、渋柿を干し柿に加工する名産地としての洛南宇治田原があり、「ころ柿」と呼んで珍重され、古くから京阪神に出荷されている。

その美味なる独特の甘さは有名だが、加工風景は写真の対象としても面白い。ころ柿をくし刺しにしたものを、正月に橙《だいだい》や昆布と合わせて、鏡餅の上に飾るのが京都の風習なのである。

松尾芭蕉の句に「里古りて柿の木持たぬ家もなし」とあるように、大原や嵯峨野をはじめ近郊の、近ごろではめっきり少なくなった草葺き屋根の農家のそばに、その梢《こずえ》に葉の散った後、点々と残る朱色の実を見つけると、懐かしくほのぼのとした風景にうれしくなって、カメラを構える。

最近では渋柿を干す作業の面倒さと、その個性的な甘さを喜ぶ子供たちもいなくなったため、実が収穫されずに鈴なりになった木をよく見かける。写真家にとってはうれしいことだが、これも世相なのかと、その華やかさとは反対に、寂しい気持ちになる。

柿の名所といえば、俳人向井去来《むかいきょらい》の隠栖《いんせい》地、奥嵯峨の落柿舎《らくししゃ》がある。その句の「柿ぬしや木ずえは近きあらしやま」はあまりに有名で、その茅葺きの庵《いおり》を取り囲む老いた柿の木が数本、実を枝一杯につけて、訪れる者の目を楽しませてくれる。

作例写真は、高野川にそい大原街道（若狭街道）を北上した八瀬の里近く。早朝、比叡山を越してきた朝日が、レンブラント光線状に、葉を落とした柿の実を輝かせている。背景に山裾の澄んだ青が柿の紅色をさらに際立たせる。

4 × 5 判カメラ、300ミリレンズ、ISO50カラーポジフィルム、1／2 秒、f22

6×7判カメラ、45ミリレンズ、ISO50カラーポジフィルム、1／60秒、f 8

京の歳時記　11月

亥子(いのこ)祭

護王神社

かつて中国から伝わった亥の月、亥の日、亥の刻に餅を食べると、無病息災を保てるという風習が、平安期に宮中行事となった。亥《いのしし》が当社の祭神和気清《わけのきよ》麻呂《まろ》公につかえた深いゆかりにより、宮中行事にのっとる亥子祭を祭行している。かがり火の焚《た》かれる中で、拝殿に平安王朝の装束《しょうぞく》の宮司と女房たちが坐し、亥の子餅をつき、神前に供えたのち、唐櫃に入れて、行列をととのえ京都御所へ参向する。京都ならではの優雅な祭り。

●秋の散歩道……虹（にじ）

晩秋のうら寂しさを吹き飛ばす

太陽の光線が、大気中に浮かぶ水滴に反射し、分散屈折して現れる光の帯を、私たちはあこがれをこめて虹と呼ぶ。それは太陽を背にした前方向に、小雨が降っている天候状態のときによくおこる。

京都盆地が虹の名所でもあるのは、晩秋から初冬にかけて、幾度となく時雨《しぐれ》が訪れるからである。北山しぐれはその一例であるが、とくに陽が南西の空に傾いた夕方、北山から東山にかけて、小雨が降っているときに虹がよく出るのは、京都独特の不思議な現象だ。

だからそのような天気のときは、虹の出るのを期待して、いつでも出かけられるように待つ。しかしそんな時にかぎって虹は現れないものだ。仮に出たとしても、美しく写る虹とはかぎらない。光線の強弱や雨の水滴の細かさによって、虹の色あいや大きさが左右されるし、見た目ほど綺麗に撮れないのが、虹の写真のむずかしさである。

でもたとえ撮影に失敗しても、雨上がりの京の空にかかる七色の虹に出会えたことは、晩秋のなにやらうら寂しい気分を爽やかに吹き飛ばしてくれる、うれしいひとときである。

まれに第一の虹の外側に第二の虹、つまり二重虹が出ることがある。それが東山の比叡山から南の桃山にまで、京都市内をひとまたぎにかかったときなどは、気分はまるで空の半円の橋を駆け登る心地で、この世の憂さをすべて忘れさせてくれるほどだ。

だが現実には、この二重虹をすべて写し込むのには、超広角レンズが必要だし、また虹を太く迫力たっぷりに表現するのには、反対に望遠レンズで迫る必要があったりで、ゆっくり眺めている閑はないのだが……。

作例写真は、自宅付近を散歩していた折、東山にかかる虹を発見。急いで戻り、カメラを持って、まわりの邪魔な建物などを消去するため、虹の消えないのを祈りながら、自転車で鴨川のほとりへ向かう。東山三十六峰を一またぎにして二重虹が賀茂街道を往還している。

6×6判カメラ、50ミリレンズ、ISO100カラーポジフィルム、1／15秒、f8

●秋の散歩道……霧（きり）

幻想の世界を演出する

　俳句の季語では〝霧〟は三秋、すなわち中秋と晩秋の間に入れている。また春の霧は霞と言い、霧といえば秋の霧をさすのが通説である。

　のっけからややこしい話だが、実際に京都の四季の風景を撮っていて、霧がよく発生するのは、夜中の最低気温が一〇度以下になる十一月の初めごろだ。

　大気が冷やされ、地表に立ち登る水蒸気が固まり、細かな水滴となって煙のようにただようさまを霧という。何とも幻想的な気象で、とくに朝霧は山々や木々、社寺や民家の建物を乳白色のベールで包みこみ、そこへ朝日が射しこむさまはえも言えず感動的である。

　おおよそ朝霧は、最低気温が三度ぐらいにまで下がり、霜が降り始める初冬のころまで幾度も見られて、京都盆地周辺の風物詩として、私たちの目を楽しませてくれる。

　私も寝惚けまなこの、くじけそうな気分を奮い立たせて、夜明け前に撮影地へ向かう。とくに亀岡盆地一帯は朝霧の名所として知られ、のどかな田園風景を写真で表現することができるが、近ごろは茅葺《かやぶき》屋根の民家が急激に姿を消してしまって、撮影場所をさがすのが難しくなってきている。

　それは同じく霧の多い大原の里や嵯峨野あたりでも言えることで、京に田舎ありという言葉が、死語になりかけてきたことは本当に残念でならない。

　他の撮影地としては、清滝川の流れにそって高雄から下流へ、清滝そして嵐山のあたり、渓谷の紅葉と流れる霧との微妙な変化が好きだ。

　東山の南禅寺付近もこの時期に何度も訪れる。境内で修行僧が落葉を掃《は》き、焚《た》く煙がいつの間にか霧を呼び、二枚の白い薄衣が重なり合わさったような霧の中に、どっしりした三門が黒々と立ちはだかっている。その屋根に覆いかぶさる楓《かえで》もみじを透けて射す朝の光を撮らえようと機会を待つ。

　作例写真は、上賀茂神社（→P.95）にて。立砂に神が降臨する雰囲気を深い霧が、演出している。

南禅寺

左京区南禅寺福地町

交通［市営地下鉄東西線］蹴上駅から東北へ徒歩7分、［市バス］法勝寺町停から南東へ徒歩8分

冬の散歩道

MIZUNO KATSUHIKO
PHOTO ESSAY

上／雪舟寺［芬陀院］（東山区）
中右／大原・南天に霜（左京区）
中左／金戒光明寺・鎧かけの松（左京区）
下／鴨川・ユリカモメ

前頁／平安神宮（左京区）

6×7判カメラ、75ミリシフトレンズ、ISO100カラーポジフィルム、1／30秒、f11

京の歳時記

曲水の宴

城南宮

4月29日、11月3日

平安朝、宮中で三月の上巳の日に行われた遊宴が、当社で再現され、四月二十九日と十一月三日の二度行われる。社殿を取りまく楽水苑の平安の庭で、曲折する小川のほとりに、雅やかな王朝衣装の歌人たちが坐り、流れ来る盃をのせた羽觴《うしょう》（雀が羽を広げた形にかたどった酒杯）がたどり着くまでに歌を詠み、盃の酒を飲むという風流な遊びである。

◉冬の散歩道……小春日和（こはるびより）

穏やかな日射しに誘われて…

十一月も終わりに近づくと、冬型の気圧配置が多くなり、木枯らしの風や北山時雨《しぐれ》の日が続く。その合間に、穏やかな日和がふと訪れる日がある。すなわち小春日和である。

灰色の重苦しい雲に覆われた日々の後の、何ともありがたい日射しに誘われて、炬燵《こたつ》から抜け出して、縁側や庭先にそっと出てみる。そのような子供のころの思い出が懐かしく、「小春日和」という言葉はえも言えず優しい。

続いて「日溜《だ》まり」、そして「日向《ひなた》ぼこ」と楽しい言葉が脳裏に浮かぶ。

縁側での日向ぼこは、最近では死語になってしまった感がする。せめて写真に撮ることで満足しようと被写体をさがすが、なかなかままならない。まず美しい言葉があって、それを映像化するのは難しい。

今、ここで私が縁側にこだわる理由を尋ねられれば、そこが内と外との結界であり、すなわち家という人工空間と、庭つまり外界の自然空間との境界。その両者がぶつかり合うドラマチックな場所だから。

その縁先を小春日和の柔らかい日射しが、日溜まりとなって暖めている。何とも原日本的な空間だと、常々私は思うからである。

作例写真は、嵯峨小倉山の麓に位置する落柿舎《らくししゃ》。かつて俳聖松尾芭蕉の一の高弟、向井去来《きょらい》翁が住んだ所である。その茅葺き屋根の小庵は、後の明治時代の再興だが、その後も俳人によって最近まで住み継がれて、今日に至っている。ゆえにこの地には質素だが、風雅な俳人の生活感が漂っている。

庭の四ッ目垣越しに次庵を望むと、沓脱石《くつぬぎいし》に主人の庭下駄が置かれ、日溜まりの縁側に、名残の花を生けた花籠が飾られている。思わず「去来さーん」と親しい友人になった気分で、声を掛けてみたくなる。

落柿舎
右京区嵯峨小倉山緋明神町
交通［京福嵐山線］嵐山駅から北西へ徒歩18分、［JR嵯峨野線］嵯峨駅から北西へ徒歩23分、［阪急嵐山線］嵐山駅から北西へ徒歩28分

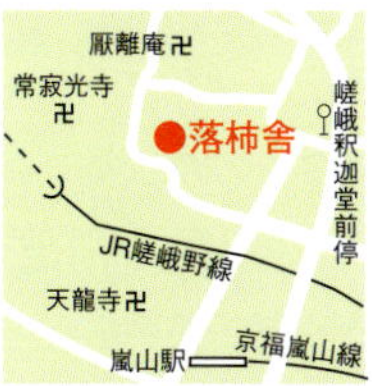

◉冬の散歩道……山茶花（さざんか）

冬枯れの季節に凜として立つ

冬に咲く木の花の代表は、山茶花に極まるかもしれない。その華やかな愛くるしさが珍重され、身近な庭木としてほうぼうに植栽されて、私たちの目を楽しませてくれる。

日本特有の花木で、元は南西諸島や九州、四国南部など温暖な所に原生していたが、花の可憐な美しさと冬期に咲くのが好まれ、本州に導入され全国に広がったようだ。

サザンカの名の由来は少々ややこしい話だが、かつて中国のサンサクワと読む山茶花が、訛《なま》ってサザンカになったといわれている。

しかし、中国では本来、山茶花は同属の椿《つばき》のことで、サザンカは茶梅と書くのが正しい。またサザンカの一品種シシガシラが寒椿《かんつばき》などと呼ばれたりするので、椿と混同されて余計にややこしいのである。

だが冬枯れの季節、豊かに茂る真緑の葉の中に、白や紅の花々をのぞかせる山茶花に、私たちは大いに勇気づけられる。

井原西鶴《さいかく》の句に「山茶花を旅人に見する伏見かな」とあって、江戸の初期には、さぞや都でもてはやされた花木であったろうと想像がつく。

私の好きな撮影地は、洛北の大原の里や圓光寺《えんこうじ》で、紅色の花に白雪をそっと載せた姿が印象的であった。

小野小町ゆかりの市原の小町寺では、石塔のそばに紅花の大樹が、また幕末の歌人蓮月尼《れんげつに》がかつて住んだ西賀茂の神光院《じんこういん》には、池苑のほとりに白八重の花が清楚に咲いている。

洛東では真如堂《しんにょどう》の境内の東南隅に、淡紅の花を群がり咲かせる大樹が、そして近隣の東北院《とうぼくいん》にも同色のものが迎えてくれる。

洛西の天龍寺境内には、紅花の成木がたくさんあって、あたりを明るくしている。嵯峨野を散策すると、家々の四ツ目垣を彩《いろど》る山茶花が微笑《ほほえ》ましく、旅人の心をなごませてくれる。

作例写真は、圓光寺にて。三センチほどの積雪の朝、本堂そばに綿のような雪をかぶった真紅の山茶花が、凜《りん》として立っている。

圓光寺
左京区一乗寺小谷町
交通［市バス］一乗寺下り松町停から東へ徒歩10分、［叡山電鉄叡山線］一乗寺駅から東へ徒歩15分

6×7判カメラ、75ミリシフトレンズ、ISO100カラーポジフィルム、1／4秒、f16

●冬の散歩道……鷺（さぎ）

孤高にたたずむ

京の風景の点景として、絵になる生きものは鳥が一番だろうか。水辺で憩《いこ》う鷺の仲間たちの美しい姿、実は生活の糧《かて》を得るために、小魚を捕らえようと狙《ねら》っているのだが、鳥類写真の専門家でなくとも望遠レンズで写してみたくなる。

人口一四〇万都市にもかかわらず、身近に野鳥が見られる京都、いや野鳥とともに暮らしているという自然環境に、感謝しなければならないと思う。

京都は四方を山に囲まれた地形で、自然の森や寺社の林が随所にある。樹木には木の実が成り、また小魚の棲《す》む池や川の流れがいくつもある。それらは野鳥たちの棲息地としての役目を果たしている。

また平安の時代から造り続けられ、受け継がれた池泉庭園がたくさん存在し、さらに町家の奥庭などの樹木の植え込まれた人工空間までもが、鳥たちのサンクチュアリとなっている。だから京都市民はあえて野山へ出かけなくても、身近な生活の場でバードウオッチングができると言えば、少し大げさだろうか。

だが彼らを写真の被写体として考えるとウグイスやメジロ、シジュウガラ、毎日見かける雀でさえも、すばしこく動き廻る小鳥を写すのはなかなか難しい。

やはり大型で、ゆったりとした動きを見せてくれる鷺の仲間が撮りやすいだろう。鷺は水中を泳ぎまわる魚たちを油断させるために、じっと動かずに気配を殺して待つという習性だから。

雨上がりの鴨川や桂川の清流の中で、涼風の吹く深泥《みどろ》ケ《が》池《いけ》や広沢池の芦の間で、季節ごとの風情を背景に、しばし佇《たたず》む孤高な姿の鷺に出会う。大きなチュウサギはたまにしか見かけないが、夕暮れに巣に帰るコサギと、入れ代わりに飛来して夜活動するゴイサギは、ともに市中にコロニーさえある。

作例写真は、大きくて動きがゆっくりで、蕪村の句「夕風や水青鷺の脛《すね》をうつ」が好きな私が、いつも狙うアオサギ。広沢池（→P.35）の係留された和船の舳先《へさき》で獲物を待つ。

深泥ヶ池
北区上賀茂狭間町
交通［京都バス］深泥池停すぐ、［市営地下鉄］北山駅から北へ徒歩10分

35ミリ判カメラ、400ミリレンズ、ISO100カラーポジフィルム、1／4秒、f16

京の歳時記

火焚（ひたき）祭

11月8日　伏見稲荷大社

京都では十一月はお火焚の季節。市内各所で連日のように火焚祭が催される。なかでも当社のものが有名で規模が大きい。全国から集まった火焚串はその数二〇万本余という。秋の収穫祭を兼ね、新藁を燃し、井桁に組んだ薪に火をつけ、火焚串を投じて、焚き上げる。鍛冶師をはじめ、火を扱う職業の人々の信仰が厚く、「ふいご祭」と呼ばれる。

6×7判カメラ、400ミリレンズ、ISO100カラーポジフィルム、1／500秒、f5・6

◉冬の散歩道……ユリカモメ

平安の世を偲ぶ風物詩

ユリカモメが、京都の冬の風物詩となって久しい。

「カモメのジョナサン」という短編小説が、世界的ベストセラーになった一九八〇年ごろ、私は真剣にカモメの写真を撮るために、海外の生息地へ渡航しようと思っていた。ちょうどその年の冬、奇跡のようにユリカモメが北の国から京都を訪れたのである。

確かに、かつて平安時代にはユリカモメは都鳥と呼ばれ、京の都に飛来していた。平安の歌人、在原業平《ありわらのなりひら》が、武蔵《むさし》の国（今の東京）隅田川のほとりで、ユリカモメを見て都を偲《しの》びながら、「いざ言問《ことと》はむ都鳥わが思ふ人はありや無しやと」と呼びかけたのが、現在、隅田川にかかる「言問《こととい》橋」の由来になったという都鳥。

当時、鴨川にかかる出雲路《いずもじ》橋の近くに住んでいた私は、彼らのえさとなる食パンの耳を、パン屋から大量にもらってきては、写真のプリント印画紙を切るカッターで毎日刻んだ。翌日、妻と娘と連れだって、川原でユリカモメと遊んでは撮りまくった。それほど当時はユリカモメに入れ込んでいた。

彼らの生息地はカムチャツカ半島やアラスカ地方で、夏そこで繁殖し、十月末ごろその地が厳寒になると、彼らにとっては暖かい日本へ渡って来る。そして翌春四月に、彼の地へ帰ってゆく。

また、夜間は琵琶湖をねぐらとし、昼間京都の鴨川、桂川、高野川へやって来て小魚を食べる。熱心に食パンでえ付けをする人々がいて、それが彼らの主食ともなり、鳥と人とが共存しているのが現状でもある。

この時期は落葉樹がすっかり木の葉を落とし、冬木に止まる野鳥が目立つ。イカル、ムクドリ、メジロ、ヒヨドリなどが木の実を食べる姿を狙《ねら》うのは楽しい。池や川ではカルガモにマガモなどカモの仲間を撮りたい。冬は野鳥撮影のシーズンである。

作例写真は、舞い上がるユリカモメの大群。つき抜けるような冬の青空に、彼らの白い姿がよく似合う。

4×5判カメラ、150ミリレンズ、ISO100カラーポジフィルム、3秒、f32

◉冬の散歩道……庭の飛石（にわのとびいし）

庭園の主役、一つ一つが個性的

庭の一方の主役である植栽の緑や花は、春から秋にかけての季節が美しいが、石組みや配石そして飛石などは、落葉広葉樹が葉を落としたころ、まぎれもなく庭の主役である。

もっとも庭園の歴史を振り返ってみると、まだ観賞庭園が作られる以前から、日本の古代人には、磐座《いわくら》や自然の岩石そのものに対する信仰があった。

その後、中国より神仙思想が伝わると、蓬莱《ほうらい》山石組や鶴亀の石組が作られ、やがて佛教思想の伝来で、寺院に三尊石組や須弥山石組が作られるなど、日本庭園の歴史のなかで石は常に主役であったと言える。

今回取りあげる飛石は、庭園内を歩きやすいように配置した実用性に、見た目に美しく打ち方を工夫した景色の美を加味した機能美を追求しているところが面白い。

そして飛石の材料の多くは、京都を取り囲む山中やそこから流れ出した河川から産出した石が使用される。例えば鞍馬石や貴船石は庭の名石として、桃山期より珍重されている。

ことに鉄分を多く含んで苔が付着せず、滑りにくい鞍馬石の皮付きは、景色も素晴らしく、飛石として打ち並べることが、庭の愛好家にとって垂涎《すいぜん》の的である。

他でも丹波石、賀茂石など色とりどりの石を組み合わせて意匠を楽しみ、道が分かれるところには御影《みかげ》石の伽藍石を置くのが、典型的なデザインである。その御影石は白川で採取された太閤石が最高とされている。

このように京都の各地から取り寄せた石で庭を構成するということは、京の美しい風景の縮景として、庭を成り立たせることに他ならないと思われる。そこに自然と人工の調和美を先人たちは追求したのであろう。

作例写真は、西陣で明治十九年に主屋が建てられた、かつては生糸を商っていた町家の奥庭（実は拙宅なのですが）。

二本の楓《かえで》の樹がすっかり葉を落とすと、平素は目立たない三〇個ばかりの飛石が、くっきりと浮かび上がってくる。よく見ると石の一つ一つが個性的で、面白く見飽きない。

4×5判カメラ、210ミリレンズ、ISO100カラーポジフィルム、1／4秒、f32

◉冬の散歩道……石　佛（せきぶつ）

人間味あふれる羅漢像

華やかな紅葉が終わり、落葉樹の木の葉がすっかり落ちると、山や森や林の中は冬の暗いイメージとは正反対に、キラキラと陽光が差し込んで明るくなる。

この時期を狙《ねら》って伏見区深草の里へ、石峰寺《せきほうじ》裏山の石佛群を訪ねてみる。ここ百丈山石峰寺は、江戸時代中期に創建された黄檗宗《おうばくしゅう》の禅院である。京阪電鉄深草駅から東へ約一〇分、民家の間のわずかな石段を登ると、中国風龍宮造りの山門が建っている。本堂への石畳参道ぞいには、代々のご住職の奥様の丹精こもる四季折々の木々や野草の花が、参拝者を迎えてくれる。

花の少ないこの季節は、南天や千両の赤い実がそれに替わっている。さて目指す石佛は、本堂の脇からさらに東へ石段を登り、小さな赤い門をくぐった林の中だ。山の斜面にそって細道をたどると、そこはもう霊場で釈迦如来の一代記が、石像群によって描き出されている。

これらの石佛は江戸中期を代表する画家、伊藤若冲《じゃくちゅう》が下絵を書き、石工に彫らせ、七年の歳月を費やして完成させたものである。そのスケールの豊かさはもちろんだが、釈迦如来を囲む菩薩をはじめ羅漢《らかん》、修行僧たちの像一体一体がリアルでまた奇抜に、そしてユーモアたっぷりに見事に彫刻されていて、その独創性に驚かされる。

特に坐禅する羅漢像の洒脱《しゃだつ》味あふれる表情によって、「石峰寺の五百羅漢さん」と親しまれ、若冲生存中より巷《こう》間《かん》の話題になり、京都名所の一つとして今に伝わっている。当寺を訪れ、その喜怒哀楽を表現した人間味あふれる羅漢像の表情にひかれた者は、その人生の折々に、再訪したくなるという話もなるほどとうなずける。

二〇〇〇年の長い風雪に耐え、磨耗してきた石像の表情を生き生きと写すには、冬の斜めから差す太陽のライティングがベストである。

作例写真。羅漢さんのどれを撮ろうかといつも迷う。この写真の像は笑っているのだろうか、カメラを向けて、しばし語り合う。

石峰寺
伏見区深草石峰寺山町
交通［JR奈良線］稲荷駅・［京阪本線］深草駅から東へ徒歩10分

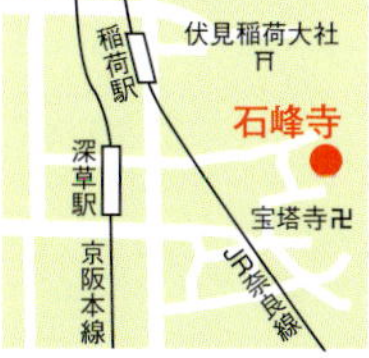

●冬の散歩道……注連作り（しめづくり）

新藁の匂いは初冬の香り

初冬、北白川の里のあちこちで、陰日で干した新藁《しんわら》を砧《きぬた》で打つにぎやかな音、あたり一面にたち込めた新藁の匂いの中で、白川女たちが注連作りに精出していることだろう。

米を主食とする日本人にとっては、かつて稲の副産物の藁を綯《な》って生活の必需品である草鞋《わらじ》や筵《むしろ》や縄を作ることは、欠かすことのできない日常の行為であった。

またハレの日には、神の住まう神聖な場所を守る結界として、注連縄《しめなわ》を結んで飾る習慣を大切に伝えてきた。

だから正月新年に家の門口や神棚そして台所や便所に至るまで、八百万《やおよろず》の神様が宿るところには、注連縄を張るのが、近年までは一般家庭でごく普通に行われていた。京都では今でもそのしきたりを守っている家は多い。

町ではその注連縄を年の市や白川女の花売りから買い求めるのが通例だが、周辺の農山村地域では一年の農作業が終わった初冬に、自家用に藁を綯う光景が、最近までは各戸で見られた。

私も紅葉の撮影に追われた忙しい一か月がすぎたころ、のんびりと大原や鞍馬、そして静原や岩倉の地を訪ねるのが楽しみだ。

昼間は門口の日だまりで、夜は屋内の土間のおくどさんの残り火のそばで暖をとりながら、新藁の日向《ひなた》くさい香りに囲まれて藁仕事をする。大概はお年寄りの、思い出話を聞いて時間をすごす。

そしてテレビもないころ、祖父や祖母から話を聞いて、閑をすごした幼い時を思い出す懐かしい追体験でもあったのだが。こうした風習も次第に失われてゆく情景の一つなのだろう。

作例写真は、岩倉の里にて。小春日和の日、穀物蔵の前に筵を敷いて、一心に注連作りをする老婦人に出会う。和手拭いの頬被りの白さがまぶしい冬の午後。

35ミリ判カメラ、50ミリレンズ、ISO100カラーポジフィルム、1／30秒、f8

京の歳時記

12月8日

針供養

虚空蔵法輪寺

子供に智恵を授かる十三詣りでも知られる法輪寺《ほうりんじ》。虚空蔵菩薩は技芸の守護佛としても信仰され、裁縫手芸上達を祈願する針供養会が法要される。参詣者は持ち寄った折れ針を納め、幅四〇センチ、厚さ八センチの大コンニャクを二枚重ねにしたものに、五色の糸をつけた大針を刺して、針に感謝する。

●冬の散歩道……伏見の酒造り（ふしみのさけづくり）

京の自然が名酒を生み出す

京に厳しい冬の寒さが訪れると、左党にとっては、一年間待ち遠しかった新酒の仕込みの時期の到来である。

以前に、伏見の本を制作するために二年間足繁《あししげ》く通って、何軒もの蔵元で酒造りを取材させてもらったことがある。朝夕が冷え込むと、早朝、酒蔵で働く蔵人《くらびと》たちの生き生きした作業姿が懐かしく思い出される。

昨今では醸造のオートメーション化が進み、四季を通じて酒造りが行われているが、やはり日本酒醸造においては、自然の気温の低さが重要なのは当然で、飲む側の気分としても、寒ければ寒いほど美味《おい》しくありがたい。

京都を、いや日本を代表する酒処《さけどころ》伏見。この地の酒造の歴史は古く、大陸からの渡来民族で酒造技術に長《た》けた秦《はた》氏の一族が、嵯峨や伏見に住みついた時に始まるといわれる。

また伏見の古名「伏水」が示すように、良質の豊かな地下水に恵まれていたことから、この地は五世紀ごろから、日本有数の酒造地として発展してきた。

この季節、四〇近くもの蔵元がある伏見の町の中に、日本各産地から酒米が集まり、季節労働者として遠くは東北、北陸、近くは但馬《たじま》や丹波《たんば》からの杜《とう》氏《じ》をはじめ蔵人たちでにぎわう。

銘酒を造り出す条件は、一に気温、二に水という。京の自然が伏見の酒の旨《うま》さを決定づけているのである。その水はミネラル分を含んだ中硬度の性質で、キメの細かい柔らかな風合いの名酒を生み出す。その恵みに感謝しながら、写真家はつい酒を嗜《たしな》む日々をすごしてしまうのである。

作例写真は、にごり酒で有名な「月の桂」の醸造元増田徳兵衛商店。酒米を蒸し上げ、覆いをはずすと早朝の冷気のなかで湯気があたり一面に立つ。酒造り作業で一番のフォトジェニック・チャンスで、この瞬間を撮るために、徹夜をして待っていたのだ。

6×7判カメラ、75ミリレンズ、ISO100カラーポジフィルム、1／15秒、f11、ストロボ光同調

京の歳時記　12月

白朮（おけら）詣　八坂神社

十二月三十一日、大晦日の夜から元日の早暁にかけて、神社へ詣《もう》で、浄火を火縄に移して持ち帰り、火種にして神棚や佛壇の灯明、そして雑煮をたく行事。北野天満宮や平野神社でも斎火《いみび》祭は行われるが、八坂神社へは参詣者が多く、薬草のおけらを厄除けのための浄火にくすべるので、白朮詣りと呼ばれる。

6×7判カメラ、105ミリレンズ、ISO100カラーポジフィルム、1／8秒、f11

◉冬の散歩道……南天の実（なんてんのみ）

冬枯れの庭園に鮮やかな紅を添える

冬は多くの草木にとって休眠の季節、この時期に咲く花はごく僅《わず》かな品種しかないので、風景写真を撮るにあたって貴重な被写体は、野山や里でさまざまな姿形を見せてくれる木の実である。中でもひときわ目立つ美しい実の代表は、南天であろうか。

冬枯れの庭園に鮮やかな彩《いろど》りを添えている、いまにもこぼれ落ちそうな紅色の実に、そっと歩みよってカメラを向ける。

南天の由来は、古来中国で、「南天竹」または「南天燭」などと呼ばれ、草木の王とまで形容されたところからきた。

「難を転じる」と同音であることから縁起のよい木として親しまれ、めでたい木として、私たちの生活の中にも深く浸透している。

子供のころの思い出で、病気の治った内祝いに身近な人に配るお赤飯に、南天の葉が載せられていた記憶が幾度かある。あれは難が転じた喜びを素朴に表現していたのと、葉に防腐作用があるからだと最近知った。

秋の初め、まだ緑色の葉の中に紅の実を付けていた南天は、晩秋に紅葉する。そして一段と冷え込みが厳しくなり始めた冬の朝、降りかかる淡雪を受けとめている南天の小さな実と名残の葉に、冬の造形の極みを見る思いがする。

さて撮影の名所と言えば、かつて洛北の里、大原の勝林院《しょうりんいん》参道の手水鉢《ちょうず》のそばと、隣の宝泉院《ほうせんいん》の庭の一隅で、雪との組み合わせを写したことがある。

南へ下がって一乗寺の里では、圓光《えんこう》寺《じ》の庫裡《くり》を背景にして、近くの詩仙堂なども雪と南天とのコンビネーションを楽しめるだろう。いつだったか市原の民家で冬の陽を受けて群がる紅の実を撮ったことがあり、今年の冬にまた訪ねてみようと思う。

作例写真は、西山の善峯寺《よしみねでら》。本堂の屋根を背景にぼかして撮る。京都一の南天名所は、量からいってここだろう。また本堂の縁から見上げる山すそ部分が、南天で覆いつくされたかのように見えるのもスケール豊かで面白い。

善峯寺
西京区大原野小塩町
交通［阪急バス］小塩停から西へ徒歩30分

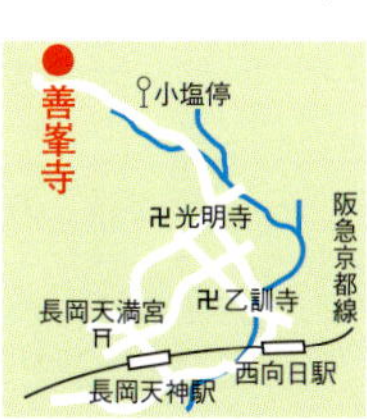

◉冬の散歩道……松の影（まつのかげ）

白と緑と灰色の京景色

冬至は太陽の軌道がもっとも南に寄るとき、すなわち北半球では、日中その光を受ける物体の影がもっとも長くなる時である。

京都盆地は、日本海側気候と太平洋側気候の端境《はざかい》にあるところから、うっとうしい灰色の雲に覆われた冬空が、一転青空に変わったりする。このころの天気は実にドラマチックなのである。

禅語で「松樹千年翠《あお》し」と言うが、京都に数多く存在する禅林に足を踏み入れると、落葉樹が葉を落とした山内に、冬なお青々とした松の木が清々《すがすが》しく林立し、冬の陽光によって築地塀にくっきりとその影を映している。

影を見るのは楽しい。普段は何でもない見なれた物が、冬陽に照らされて、長い影を背景に落とすとき、その物の内面に潜む実体が表出してくるような気がして……。その漆喰《しっくい》の白と松の緑、そして影の灰色とが醸《かも》しだす雰囲気は、京景色の一典型なのだと思う。

その景色を五分、一〇分、二〇分と飽きもせずボーッと見とれている。影は刻々と姿を変える。それもまた時の移ろいである。写真はその瞬間々々を刻明に捕捉することができる。その面白さに時のたつのを忘れてしまいそう。

松林の美しい寺院としては、かつて参道の松林で有名であった南禅寺をはじめ、相国寺《しょうこくじ》、建仁寺《けんにんじ》、妙心寺《みょうしんじ》、大徳寺などの禅寺院があり、黒谷の金戒《こんかい》光《こう》明寺《みょうじ》も静かでよい。

作例写真は、大徳寺山内の「八松の参道」と呼ばれる高桐院山門前で写す。すべて低木だが、左右に連なる築地塀の高さと似合う。

松の手入れが終わり、植木職人の手によって摘《つ》まれた松葉の影が透き通って美しい。折しも新春の清々しい旭光の中で、柔らかい枝の影が踊っている。

高桐院
北区紫野大徳寺町
交通「市バス」建勲神社前停から北へ徒歩1分

6×7判カメラ、75ミリレンズ、ISO100カラーポジフィルム、1／15秒、f16

京の歳時記　12月31日

除夜の鐘　法然院

大晦日の正子の刻（十二時）、各寺院で過去・現在・未来の百八の煩悩を消滅する除夜の鐘が一せいに撞《つ》かれ、京の冬の夜のしじまに響き渡る。知恩院の大鐘が有名で、大勢の人々でにぎわうが、ここ鹿《しし》ヶ谷《がたに》の法然院《ほうねんいん》では、寺僧の読経のなか、参詣者はすぎし年の懺悔と現在の生活への感謝、そして新しい年への誓いの三つの敬虔な気持を込めて一撞きする。

冬の散歩道……冬　木（ふゆき）

造化の妙に感動する

夏の間、青々と枝一杯に葉を繁らせていた落葉広葉樹は、秋に紅葉し、冬いっせいにその葉を落とす。いわゆる冬木で、その様子が木が枯れたように見えるので枯木ともいう。

季節の移り変わりによる変化の激しさから、冬木を見るとき、人は自分の人生の来し方を思い、これからの行く末を考え感傷を深くする。

しかし、純粋に物体として葉の落ちつくした木を見るとき、その造形の面白さに美を感じ、それらの感傷をぬぐい去って、素直に造化の妙に感動するだろう。

やがて冬も半ばをすぎると、そのしなやかな枝先に細かな新芽が、顔をのぞかせ始める。その生命力の強さに、枯木から勇気を与えられる時でもあるのだ。

冬木を見て老いさらばえた生命の死期を感じるか、巡り来る春の生命の誕生を予感する活力をそこに見るか、その両者の差が著しいところが私は好きだ。

この季節は、鴨川の上流出雲路《いずもじ》橋から上賀茂へかけて、西岸の土手に植樹された榎《えのき》や椋《むく》、そして山桜の大樹群を沈みゆく夕陽とともに東岸から川をへだてて見ながら、散歩するのが楽しみである。

気が向けば、さらに東へ歩をとって下鴨神社境内の糺《ただす》の森に足を踏み入れる。欅《けやき》の冬木立の森閑とした寒気の中を、一面の落ち葉をカサカサと音をたてながら歩きまわる。天をふり仰ぐと枯木がいきもののように覆い被《かぶ》さってくる。

また「祇園しだれ」として有名な円《まる》山《やま》公園の桜を訪ねるのも一興で、観光客が一人もいなくて、冬枯れの桜が蕭《しょう》条《じょう》たる雰囲気で佇立《ちょりつ》するさまに、ヒーローの寂しい姿を感じる。

作例写真は、北山の道をドライブ中、とあるカーブを曲がったとき整然と立ち並ぶ北山杉を背景に、一本の裸木が目に飛び込んできた。その対比の面白さにレンズを向ける。

糺の森
左京区下鴨
交通［市バス］糺ノ森停すぐ、［京阪本線］・［叡山電鉄叡山線］出町柳駅から北西へ徒歩3分

4×5カメラ、210ミリレンズ、ISO100カラーポジフィルム、2秒、f32

6×7判カメラ、75ミリシフトレンズ、ISO100カラーポジフィルム、1／4秒、f16

京の歳時記　1月4日

蹴鞠（けまり）初め

下鴨神社

蹴鞠は平安時代に、貴族間で大流行し現代に伝わった。境内の十五メートル四方の鞠場に、水干、烏帽子《えぼし》の鞠装束《まりしょうぞく》の四～八名の鞠人が、「アリィ」「オウ」「ヤア」のかけ声とともに、鹿革で作られた鞠を蹴りあげる。優美な社殿と相まって、まことに優雅な王朝風俗が再現される。

花びらが寒気にふるえている…

●冬の散歩道……**冬咲く桜**（ふゆさくさくら）

冬になぜ桜を、と思われるかもしれないが、桜は本来多種多様な個性的な花木である。

今回特に取りあげたのは十月桜の一種で、すなわち陰暦の十月ごろに咲き始め、酷寒の京都の冬空の下で咲き続け、明くる年の四月に満開になるというまことにめでたい桜のお話。

とにかく一年の半分が花期である桜が、現実に存在することがまず驚きで、しかも一般にはほとんど知られていない。

だが、さがせばさほど珍しい場所でもなく、ごく身近な所にさりげなく咲いているのが、さすが京都の奥深さなのかなと少々誇らしい。

この京都のあちこちで名花として親しまれている冬咲きの桜は、一般的によくいわれる冬桜や寒桜とは、品種を異にしている。

冬桜は別名小葉桜《こばざくら》といわれマメザクラ系で、一重の小さな花を咲かせ関東地方に多い。また寒桜は早咲き種で早春に、これも一重の花を咲かせる。

そして寒緋桜《かんひざくら》という濃い紅色で、遠目には梅か桃のように見える品種が、沖縄からもたらされ、最近あちこちでよく見かける。

なにやらややこしい話になってしまったが、それほど桜は品種がさまざまで、調べてゆくうちに面白くなって、どんどんはまり込んでしまう。

私もついに先年、京都中の桜を撮って一冊の桜図鑑を作ってしまった。

さて名所としては、大原の実光院《じっこういん》に「不断桜」と名づけられた淡紅色の花弁をもつ優しげな桜が、庭園の池のほとりに見られる。

また洛南の久御山《くみやま》に荒見《あらみ》神社があって、本殿そばに冬日を受けて可愛い八重咲きの花を咲かせている。

作例写真は、西陣の妙蓮寺《みょうれんじ》（→P.115）の「御会式《おえしき》桜」。その名の由来は日蓮上人入滅の十月十三日に開花し、釈迦誕生日の四月八日に満開になるゆえで、ありがたい信仰の花である。

本堂を背景に、白地に薄く紅をほどこした透きとおるような十数弁の花びらが、寒気にふるえている。

実光院
左京区大原勝林院町
交通「京都バス」大原停から東北へ徒歩11分

●冬の散歩道……雪景色（ゆきげしき）

早朝の一瞬のきらめき

暖冬のせいか、まだ京都市内に充分な積雪が訪れない。大寒近くのもっとも冷え込む季節なのに、気をもむ毎日である。夜、テレビや新聞の天気図で冬型の気圧配置になり、深夜カタカタと建具を鳴らす雪降ろしの風が吹くと、明朝の雪の予感にワクワクとした気分になってくる。

例年紅葉撮影が一段落すると、風景写真家にとっては、まだ見ぬその冬の雪景色を想像するのが楽しい。

その時取り組んでいるテーマにそった所の雪景を撮る必要があるのだが、雪の降り方によって、北山付近にのみ積雪があったり、また春雪のように、洛南の暖かい所にだけ、ドカッと降ったりすることがあるのだ。

雪の撮影は、朝一番に限る。少し大げさだが、夜明け後一時間を逃せば、撮影の意味がなくなるほど、決定的に早朝の雪は美しい。特に積雪後の晴天時には、雪に陽が当たると数分間で溶ける場合が多いから。

だから、夜明け前から起きて、朝陽の当たる瞬間を撮るならば、嵯峨野へ向かう。洛西は東山から昇る太陽から離れるために、京都で一番朝が早く訪れる所だから。

しかし、西山に雪が少ない時は、急きょ他方へ目的地を変更しなければならない。その判断は難しいが、投機的であり面白い。

さて、冬に咲く花の種類は少なく、山茶花《さざんか》や同種のシシガシラ、そしてまれに椿《つばき》の数種があるだけだ。そのかわり、南天、ウメモドキ、万両、千両など赤い実をつける木々が多数あって、特に近年は、暖かさの影響と小鳥たちが食い散らかすことがなぜか少ないため、花も実も多く美しい。

それらの花や実の赤色と白雪との華やかな組み合わせが楽しみな冬である。明朝の積雪を夢見て、今夜も床につく。

作例写真は、大徳寺山内の瑞峯院《ずいほういん》の石庭。海を表現した砂紋に、淡雪が積もると波は迫力を増し、大波となって浮かぶ小石の大島、小島に荒々しく打ち寄せている。

瑞峯院
北区紫野大徳寺町
交通［市バス］大徳寺前停から北西へ徒歩3分

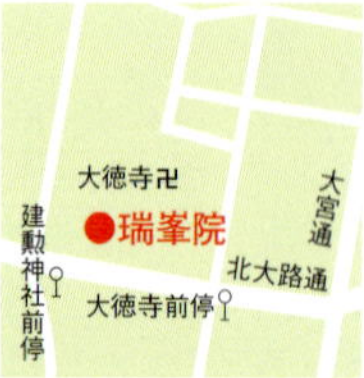

4×5判カメラ、105ミリレンズ、ISO100カラーポジフィルム、1／2秒、f32

京の歳時記

日野の裸踊り 1月14日 法界寺

一月九日から厳修された五穀豊穣を祈る修正会《しゅうしょうえ》の結願日の夜、精進潔斎《しょうじんけいさい》した少年組と成年組の信徒が、晒《さらし》の下帯だけの裸になって、本堂広縁で、両手を頭の上高く合わせ、「頂礼《ちょうらい》、頂礼」と叫びながら身体をぶつけ揉み合う。京の寒空に、踊り手たちの身体から発した湯気が立ち登る勇壮な踊り。

◉冬の散歩道……雪の華（ゆきのはな）

名桜の前で凍り付く

暦の上では立春をすぎたが、統計ではこの数日が冬中で一番気温が低いようだ。この時期に雪が降ればサラサラとした粉雪でよく積もるし、美しい雪景色を提供してくれる可能性が大だ。

近ごろは天気予報がよく当たるので、夜のニュースで大雪の情報が出ると、明朝の撮影のための準備を念入りに、たっぷりとフィルムを用意して、自動車のスノータイヤにもさらにチェーンを装着して早めに床に着く。

雪下ろしの風がカタカタとガラス戸を叩く音に、翌朝の撮影地を思いめぐらして、夢とうつつを往き来する楽しい一夜である。

作例写真は、「祇園の夜桜」とも「祇園しだれ」とも言われる円山《まるやま》公園の名桜に咲いた雪の華。

数年前、寺院の依頼で知恩院《ちおんいん》の絵はがき制作の撮影中の雪の朝、夜明け前から出かけ、申し分のない曇り空の下で一通り撮影を済ませる。

直後一転して雲一つない快晴になってしまった。こうなれば広々と見渡せるパノラマ的風景しか絵にならない。清水寺《きよみずでら》の小安塔《こやすとう》から、舞台や塔の遠景でも撮ろうかと道を急ぐ。

途中、ふと円山公園を覗《のぞ》いてみて、あっと驚いた。枝垂桜に雪が凍り付いて、まさしく雪の華を咲かせていたのだ。

それは人っ子一人いない朝の公園に、一羽の白鶴が舞い降りたかのようだった。思いもかけぬ光景に、数十秒間、私も凍り付いたように見とれていた。

我に返って車へ駆け戻り、雪の解《と》けないことを祈りながら、かじかむ手で4×5判カメラをもどかしくセットする。広角レンズで、望遠レンズで、そして縦位置、横位置と逸《はや》る気持ちをしずめながら、十数枚シャッターを落とす。

その間三〇分あまり、しかし雪はまったく解けずに、華は美しく咲いたままだった。陽に照らされても気温は氷点下を保っていたのだろう、それほど寒い朝が、私に最高の贈り物を与えてくれたのだ。

円山公園
東山区
交通［市バス］祇園停から
東へ徒歩3分

4×5判カメラ、120ミリレンズ、ISO50カラーポジフィルム、1／15秒、f22

6×7判カメラ、75ミリレンズ、ISO100カラーポジフィルム、1／15秒、f5・6、ストロボ光同調

冬の散歩道……寒の行（かんのぎょう）

厳寒に立ち向かう力強さ

暖かかった冬も、さすが寒の内に入ると底冷えが身にしみる。二十四節気の一つ小寒をすぎて、大寒の一月二十日ごろまでが日本列島は一番寒い季節であり、寒は節分までの一か月間続く。

近年来の暖冬のせいか、あるいは暖房設備の普及で季節感が薄れたのか、昨今あまり寒を話題にしなくなったが、俳句の季語では寒の字のつく言葉が、二〇〇語ほども存在する。

それほど日本人の生活にとって、寒い冬を健康で乗り切り、暖かい春を迎えることは生き死にの重大事であった。

また辛い厳寒を言葉遊びで楽しくすごそうという日本人の美学が感じられて、大変興味深い。

新聞紙上やテレビの報道で、寒中水泳や武道の寒中稽古のニュースを見ても、他人事のように見すごしているのだが、食生活のなかで寒にゆかりの寒鯉や寒鮒《ぶな》、寒しじみなどの淡水で取れる食材や、寒鯛《だい》、寒鰤《ぶり》など海の魚の美《お》味《い》しさは、やはり寒いからこその自然の恵みである。

そして今回取りあげる宗教行事としての寒行は、風物詩としても京都の一般市民の生活にとけこんでいる。

寒垢離《かんごり》といわれる滝の冷水に打たれる荒行は、ちょっと近寄りがたい異世界の感がする。しかし昼間、市中をまわる山伏の寒中托鉢《たくはつ》の頭巾鈴懸《ずきんすずかけ》の姿は、山野を駆け巡った私たちの祖先の姿をも彷彿《ほうふつ》とさせてくれて親しみ深い。

ほら貝を吹き鳴らして家々を巡って、家内安全、厄《やく》払いを祈禱《きとう》する托鉢行は実にフォトジェニックである。

また夜ともなれば、日蓮僧の団扇《うちわ》太鼓を打ち、お題目を唱えながらの寒行は、寒さに積極的に向かい合う力強さを私たちに教えてくれる。

作例写真は、浄土僧による寒念佛行。蕪村の俳句「細道になり行く声や寒念佛」のごとく、子供のころに、深夜炬燵《こたつ》の中で、「ナムアミダー、ナムアミダブ」と夜の静寂《しじま》に聞こえていた念佛の声を懐かしく思い出す。

◉冬の散歩道……弓行事（ゆみぎょうじ）

振り袖姿の射手に見るりりしさ

新春のお社への初詣でのおり、わが家では厄除《やくよ》けの破魔矢《はまや》を受けるのが慣わしであった。幼年期に父母に同行すると、参道の露店で弓矢のセットを買ってもらうのが楽しみで、帰宅後、裏庭で金色の的を下げ、黒塗りの弓に白羽の矢をつがえて、講談本に登場する若武者になったつもりで、半日一人遊びをした。

新年初めて弓を射る弓始《ゆみはじめ》は、本来は宮中行事であったが、武家社会に取り入れられ、そして現在では神社や寺院の行事として、新年から追儺《ついな》の節分にかけて広く行われるようになった。

一月十二日の伏見稲荷大社の奉射祭、二人の射手の射る四本の矢で邪鬼を祓《はら》い、今年の豊穣や景気を占う神事である。大的を囲う大蛇を象《かたど》った注連《しめ》縄が美しい。

十六日には上賀茂神社の武射神事。狩衣《かりぎぬ》姿の神官による武射のあと、直垂《ひたたれ》姿の武者による競射は、檜皮葺《ひわだぶき》の社殿の立ち並ぶ神苑で行われ、典雅な雰囲気のなかにも勇ましく絵になる風景である。また下鴨神社の節分祭で、古式追儺弓神事があり、写真家には見逃せない題材であろう。

数多くある弓行事のなかでも、つとに有名なものは、「通し矢」としてあまねく全国に知られた、十五日の三十三間堂の弓引き初めである。

通し矢は記録の上では、慶長十一（一六〇六）年に、最初に行われたとあり、本堂の西側縁の南端から北端に矢を射て、一昼夜で何本を通したかを競う競技。もっとも盛んだった寛文《かんぶん》から貞享《じょうきょう》年間（十七世紀後半）には一人で八一三三本を通したという超人的な記録が存在する。

現在では西庭に全国からの弓道家が集い、約六〇メートル先の的を射る。当日は、当寺に安置される一〇〇一体の千手観音菩薩の「初観音」で、参詣者が柳加持《やなぎかじ》を受けるために集い、本堂縁上で射的競技を見物する。見事的に命中すると、境内は見物人たちの拍手喝采《かっさい》に包まれる。

作例写真は、三十三間堂にて。新成人女性の振り袖姿の射手、華やかな衣装で凛々《りり》しくて、真摯《しんし》な表情に感動する。

三十三間堂
東山区三十三間堂廻り町
交通［市バス］博物館三十三間堂前停すぐ、［京阪本線］七条駅から東へ徒歩5分

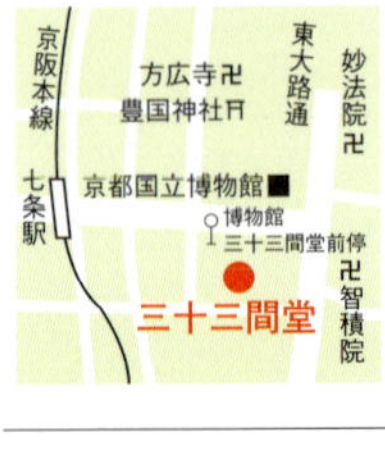

6×7判カメラ、150ミリレンズ、ISO100カラーポジフィルム、1／125秒、f8

6×7判カメラ、105ミリレンズ、ISO100カラーポジフィルム、1/30秒、f11

●冬の散歩道……露店市（ろてんいち）

骨董品を眺めるだけでも楽しい

「この寒い時期に露店市とは」といぶかられるかもしれないが、京の底冷えという寒さゆえに、冬は雨が少なく、積雪もめったにないので、冬の露店はにぎわうのである。年末の終《しま》い弘法市、新春の初天神市など、大勢の参詣者を集めるのがその典型であろうか。

　毎月二十一日の弘法市、二十五日の天神市、最近では妙蓮寺《みょうれんじ》の十二日、興《こう》正寺《しょうじ》は二十八日、上御霊《かみごりょう》神社の市は十八日、そして他にも各地で催されるフリーマーケットを含めて、露店市は近年とみに盛んになってきた。その中でも骨董や西洋アンティーク、そしてブリキの玩具やキャラクターグッズなど、老若男女を問わずファン層が広がり、露店市の中でも、それらの商品を扱う店に常に人だかりがしている。

　かく言う私もその道二十五年の古い物好きで、当時雑誌の取材で、市内の骨董商めぐりや露店市を徹底的に撮影したお陰で、この世界にのめり込むはめになった。職業柄、各地への取材旅行に出かける機会も多く、古物商めぐりが楽しみの一つとなっている。

　もっとも、高価な美術品には興味がなく（懐《ふところ》具合いがその理由なのだが）、ガラクタ類—すなわち元の所有者が不要になったものが古物商に売られ、我々に提供されたものと私は呼んでいる—に心惹《ひ》かれ、買い求めて実用とする。つまり、これはリサイクル精神にのっとった行為で、今や美徳なのであると、理屈づけて楽しんでいる。

　とまれ露店市は楽しい。飾らない人柄の西陣の町に育った私にとって、身近な露店市は当時たくさんあった。陰《おん》陽師《みょうじ》で有名な阿倍晴明《あべのせいめい》をまつる晴明神社の夜市があり、生家の門口まで露店が店を開いていた。

　露店市は一時期すたれていたが、最近またあちらこちらで復活しだしたのは実に喜ばしい。

　市での撮影上の注意は、売る人、買う人の気持ちを大切にカメラを向けること。カメラは時として暴力になりうることを肝に銘じて撮影してほしい。

　作例写真は、天神市（→北野天満宮、P.17）。雑多に並べられた骨董と買い物客とが作り出す楽しい雰囲気が、表現できただろうか。

東寺（弘法市）
南区九条町
交通［市バス］東寺東門前・九条大宮・東寺南門前停すぐ、［近鉄京都線］東寺駅から西へ徒歩5分

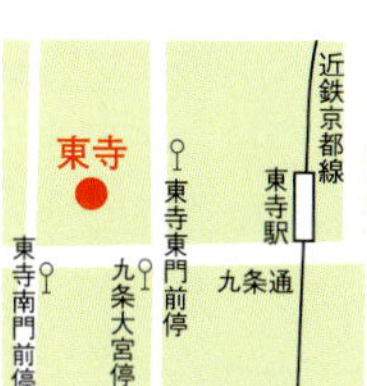

◉冬の散歩道……節　分（せつぶん）

春を迎える喜びの日

　二月が近づくと、耳の奥深くからよみがえる節分の音の記憶が二つある。一つは「ガンデンデン、ガンガンデンデン」という壬生《みぶ》狂言の鰐口《わにぐち》という金鼓、太鼓、そして笛の囃子《はやし》。もう一つは夜中に「厄《やく》払いまひょー」と町を流す厄払いの男の声。

　前者は、節分会《え》の壬生寺へ詣ると無言劇「節分」が演じられ、囃子が聞こえる。私の子供のころは、祖母の手にひかれ市電の四条大宮停車場に着くと、一キロメートルも離れた遠くから、その音が参詣者を導いてくれたものだ。

　後者は、火鉢にかけた炮烙《ほうろく》で、半日かけて念入りに焙《あぶ》った大豆で家中に「豆撒《ま》き」をし、自分の年齢に一つ余分の豆を足して食べる。それから、半紙に年齢分の豆と硬貨を入れて後方にほうり投げ、うまく立つと、それで身体中をさすり厄を払う。そうこうするうちに夜が更け、その厄を払った豆を集める厄払い男が登場するのである。しかし、その風習はいつの間にか途絶えてしまった。

　さて各社寺の節分行事は、枚挙《まいきょ》にいとまがない。面白い写材としては、吉田神社の火炉祭《かろさい》と四ツ目の方相氏《ほうそうし》と二匹の鬼が出る追儺《ついな》式。

　豆撒きは、聖護院《しょうごいん》では山伏が、八坂神社では花街の舞妓が、千本釈迦堂ではおかめの面をかぶった年男、年女によって催される。壬生寺では炮烙に家族の年齢を墨書きして奉納する。

　もし、これらの社寺に詣でる日本髪に和服姿の女性に、出会えたならば幸せである。「おばけ」といって、この日は常時と違う身なりをする風習が今も残り、年配の婦人が若い娘の髪形を結い上げていたりしてほほえましい。それは冬から立春に変わる特別な日を、喜び祝う庶民の行事の名残なのである。

　作例写真は、廬山寺《ろざんじ》の追儺式で、鬼踊り法楽《ほうらく》と呼ばれる。開祖の元三《がんさん》大師が、修法中三匹の鬼を退散させたという故事に基づいて催される。右手に宝剣、左手に松明《たいまつ》を持って踊る鬼の所作が、大変フォトジェニックでプロ、アマの写真家が大勢集いカメラを向ける。

廬山寺
上京区寺町通広小路上ル
交通「市バス」府立医大病院前停から北西へ徒歩3分

35ミリ判カメラ、28ミリレンズ、ISO100カラーポジフィルム、1／8秒、f11

京の歳時記　2月24日

幸在（さんやれ）祭　上賀茂神社

「さんやれ」の由来は、山野礼とも幸あれともいわれ、本来は上賀茂の農家が山の神、田の神をまつる行事であったが、いつしか祭りに参加する十代の男児、とりわけ十五歳の元服を迎えた少年の成人式へと姿を変えた。その十五歳の男子を「あがり」と呼び、大島紬《つむぎ》の着物に羽織姿で太鼓を持ち、年少者と隊列を組んで「おめでとうござる」と唱和しながら上賀茂の里を巡り歩き上賀茂神社へ参詣する。

日々の散歩道

MIZUNO KATSUHIKO
PHOTO ESSAY

上・中左／西陣の町家（上京区）
中右／伏見稲荷大社（伏見区）
下／西陣の町並み（上京区）

前頁／西陣の町家（上京区）

35ミリ判カメラ、24ミリシフトレンズ、ISO100カラーポジフィルム、1／15秒、f8

●日々の散歩道……裏通り（うらどおり）

迷路をくぐりノスタルジアの世界へ

私が若くて閑《ひま》を持て余していたころ、毎日のように街をほっつき歩いて、スナップ写真を撮っていた。

その当時を思い出して、たまに時間の余裕ができると35ミリ判カメラを肩に、ブラッと出かけてみる。

私の住む西陣の町は、大通りから裏道へ、そしてさらにロージ（路地）と、複雑に入り組んだ迷路のような街路が縦横に繋《つな》がって続いている。

道の多様さもさりながら、そこに住まう人々の仕事や性格がにじみ出た家屋の建ち並ぶ中を歩き、いろいろ想像するのは実に楽しい。そして気に入った家の外観、軒先に置かれた鉢植えの花、行き交う人々の姿を遠慮しながらポツリポツリとシャッターを押して、のんびりカメラ散歩を楽しむのである。

表通りの自動車の往来の喧《かまびす》しさから逃れて、つい足は裏通りへ向く。

そうすると日ごろの疲れから、自己を精神的に開放しようとするのだろうか、無意識のうちに自分が子供のころに遊びまわった町の様子が思い出されて、現実に今歩いている町の光景とダブリ合って、ノスタルジックな世界へ引き込まれていく。

そのスリリングなひとときを求めてブラブラ歩く。

特に初秋の夕暮れ時などは、昼間のまだ残暑の残る気温の高さから、日没時にはスーッと涼しくなり始め、心地よい秋風が頬を撫《な》でて吹き、つるべ落としの秋の夕暮れと言われるように、あたりはうす暗くなり始める。

作例写真は、西陣のかつて「千両ヶ辻」と呼ばれた大宮通から一歩入った一軒ロージに、少女が白墨で黙々と落書きをしていた。

巻物を広げたような長いカンバスに取り組むその熱心な後ろ姿は、チビッコ画伯とも言うべき人格を持っていた。

ワイドレンズで後方にロージの雰囲気を入れ、夕暮れどきの情感を盛り上げる。このような光景に出会えると本当にうれしくなる。

◉日々の散歩道……ガーデニング

町中にあってうれしい清涼剤

今、イギリス風のガーデニングが大流行という。ある市場調査によれば、京都に住む人が草花や樹木など園芸のために支出する月額は、全国でナンバーワンだという。

そんなことも気にとめながら町を散歩すると、各家の塀ごしに松や楓《かえで》や樫《かし》などの緑樹、十月になってもまだ赤い花を咲かせている百日紅《さるすべり》など、屋内の庭園を想像させるものが、そこここに見られる。

そして商家の風格ある糸屋格子の前に、季節ごとに家人の丹精の盆栽や鉢植えの草花を飾っている所。また裏通りに入ると軒下の繊細な仕舞屋《しもたや》格子を背景にして、わずかな地面に工夫と愛情を込めた花木が植栽されている。そして鉢植え横丁とでも形容したくなるほど、低木や草花が所狭しと並べられた通りもあって、住来の人の目を楽しませている。

今年の夏はのんびりと、それらの町の緑を楽しみながら小型カメラを肩に歩いたり、自転車で遠出をしたりしてすごした。私の結論としては京都人は伝統的に緑と親しむのが上手で、昨今のガーデニングに関しては先輩格なのだと思う。

一二〇〇年もの都会生活の中で、人工空間には緑は必要であり、それを美的に楽しんできた歴史が確固としてある。また最近のイギリスでは、日本庭園を作ることが夢でありステイタスだという話も聞く。日本では京都を中心に作庭技術が発展してきたのだから、本当にわれわれは幸せな町に住んでいるのだと実感する。

今日も町の緑をファインダーで覗《のぞ》きシャッターを切って歩く。秘《ひそ》かに町角植物園と名付けようと思いながら。

作例写真は、上京区の下立売通《しもだちうり》に面した、食用油を商う文政年間創業の老舗「山中油店」。蔵前の水車から落ちた水は池をうるおし、錦鯉が泳ぐまことに閑雅な風情である。植え込まれた草木は、季節をおって、五月《さつき》、雪の下、百日紅、そして秋海棠《しゅうかいどう》と花を咲かせる。私は散歩の途次、いつもここで数分間一息ついて、またゆっくりと先へ進む。町中にあってうれしい清涼剤の役目を果たしてくれている。

6×7判カメラ、75ミリシフトレンズ、ISO100カラーポジフィルム、1／4秒、f16

石を知り、石と語らう

京都の造形美の一つに敷石、あるいは石畳の道がある。

大寺院内の伽藍を結ぶ通路に、多人数が歩行しやすいように敷きつめられた石畳。

そして敷石は主に茶庭、すなわち露地を歩行するのに便利なようにつくられた。

やがて、近世に入って機能性に加えて、景色としても美しい意匠性が追求されるようになる。

有名な例としては、江戸時代初期に桂離宮《かつらりきゅう》の〝真《しん》の飛石（敷石）〟と呼ばれる意匠美の極致が作られ、現在にまで伝わっている。

その美しさは茶と禅との集合によって磨きがかかり、名茶席や禅宗寺院にさまざまのデザインとなって、そこを歩む者の心をたのしませてきた。

前出の〝真の飛石〟は花崗《かこう》岩、つまり御影《みかげ》石の板石を直線でいろいろな形に切り、そして組み合わせて敷いたものであり、石畳の領域にまで入っている。

上京の小川通に面した裏千家の〝兜《かぶと》門〟で知られる表門から玄関へ続く通路は、霰《あられ》敷といわれるすべて自然石を敷きつめた畳石で、表通りを通りすぎながらでも垣間見られるのは楽しい。

また板石を敷く意匠としては市松敷、西洋のレンガ積み風なもの、斜線を強調した四半敷、網代《あじろ》敷、細長い板石を使った短冊敷、魚の鱗《うろこ》のような敷き方などいろいろと工夫されている。

今にもひたひたと足音が聞こえてくるような石畳には、えも言われぬ温もりが感じられる。

それは石を知り、石と語らいながら一つ一つ敷きつめていった主《あるじ》や職人たちの魂と汗の結晶であろう。彼らは石に命を与えたのである。

作例写真は、法然院《ほうねんいん》。静かに佇《たたず》む茅葺き門をくぐると、清浄感に満ちた雨に濡れた石畳の道が、佛道世界へと導く。雨が霧を呼び、漠々と道は続く。

法然院
左京区鹿ヶ谷御所ノ段町
交通［市バス］南田町停から東へ徒歩3分、浄土寺停から東へ徒歩12分

4×5判カメラ、90ミリレンズ、ISO100カラーポジフィルム、7秒、f32

35ミリ判カメラ、35ミリレンズ、ISO100カラーポジフィルム、1／30秒、f4

◉日々の散歩道……看　板（かんばん）

見ただけで入りたくなる店

若いころ、町をブラブラ歩きながら店先の看板を見るのが好きだった。そのころを思い出して、看板ウォッチングを試みるが、面白い写欲の湧くものがなかなか見つからない。なぜだろう、と思って歩き続けていると、骨董商やアンティークショップの店先に、古い看板が売り物や飾りとして置かれている。

つい数年前まで商家や職人の家の看板として使用されていたものが、今は古美術品として扱われている。その看板が取りはずされた主要な原因を考えると暗い気分になる。

推察すれば、その看板の主である建物が壊されてしまった可能性が、大ということである。あるいは看板の素材にも流行があって、本来、欅《けやき》や檜《ひのき》の板に墨書されたり、彫刻したり、トタン板にペンキで書かれたり、またホーロー製の物だったりしたものが、最近では、プラスティックやアクリル製など工場生産の物が大半になってきたのだろう。つまり人の血の通った手作りの物から、機械が作り出すものに取り替えられたのだ。

看板よお前もか、と気を滅入らせいらだっては、何の楽しみでカメラ散歩をしているのだろうかと気を取り直して町を歩く。そう思って丹念にさがしまわると、老舗の軒先や軒の屋根上に、名だたる書家の手になる大看板がデンと飾られていたり、洋風の店には金属で作られた透かし模様のヨーロッパ風意匠の物が懸けられたりしている。さすが京都と感心しながら、ぽつりぽつりとシャッターを押す。

しかし町にはチェーン店や量販店が増え、いかにも個性のない規格品ばかりを商ってますというような、規格的な看板が掲示されている。一度は買っても、すぐに飽きて二度、三度とその店を訪ねたくなるだろうにと思いながら、その規格化された看板を見向きもせずに通りすぎる。

作例写真は、八木町の旧山陰道にふらりと入って、レトロな理髪店の看板を見つける。最初一瞬「リハツ」の意味が分からず、ああ散髪屋さんのことかと思った。そのハッとした気分にさせることも看板屋さんの技術なのだろう。英語のスペルの間違いも愛嬌である。

◉日々の散歩道……西洋館（せいようかん）

ルネッサンス様式の外観、優美な内部

子供のころに読んだ「三匹の子豚」の物語の末弟が建てた堅牢なレンガ造りの家にあこがれて、大人になったら必ず立派な西洋館を建ててやろうという夢を持っていた。そして小学校五年ごろ友達に誘われて、同志社の教会の日曜学校に通うようになった。

一日の大半を小学校に拘束される日常から解放される休みの日まで、教会通いとは、と自分でも呆《あき》れる行為だったが、それは同志社キャンパスの洋風の佇《たたず》まいに思う存分浸り、明治から大正期にかけて建造された、主にレンガ造りの建築群の中を自由に遊びまわれることが、私の心を引き付けたからなのだったろう。

長じて同志社大学へ進学したのも、子供のころのあこがれが、そうさせたのかもしれない。

ただ、文化財級の建造物は遺《のこ》されてはいたが大半はレンガを貼り付けたビルディング校舎に建て替えられ、マンモス大学化していた。

もっとも、写真制作にはまり込んで、大学時代のほとんどを木造二階建ての古びた学生寮を改造したカメラクラブの部室で、すごしたけれど。

当時、私の育った西陣の町にも「千両ヶ辻」と呼ばれる今出川大宮あたりには、西洋館の銀行や郵便局そして織物館などが十軒ほど威容を誇り、まわりの紅殻格子《べんがらごうし》の町並みと好対照の西洋風景を展開していた。

また、その近くの生家の町内には、東に安田銀行の黒いドッシリした洋館が、西の外れにはレンガ造りの織屋の事務所がデンと構えていた。そのような環境で育って、本当に幸せだったと思う。

さて現在の市内の西洋館をさがそう。

円山《まるやま》公園にあるガーディナー設計の長楽館《ちょうらくかん》は本格的なルネッサンス様式

35ミリ判カメラ、24ミリシフトレンズ、ISO100カラーポジフィルム、1秒、f11

西洋館で、外観は骨太でありながら、内部は優美な雰囲気で、おまけに日本間の座敷までが、折衷してデザインされているのには驚く。喫茶やレストランとして営業されているので訪れるのが楽しい。

烏丸下立売《しもだちうり》の聖アグネス教会も同氏の設計である。近くの大丸ヴィラはヴォーリーズの手によるチューダー様式の住宅で、市内には彼の設計の個人住宅が数多く現存しており、思わぬ所でお目にかかるのは、さすが京都ならではとうれしい。

作例写真は、長楽館の内部。

長楽館
東山区円山公園内
交通「市バス」祇園停から東へ徒歩3分

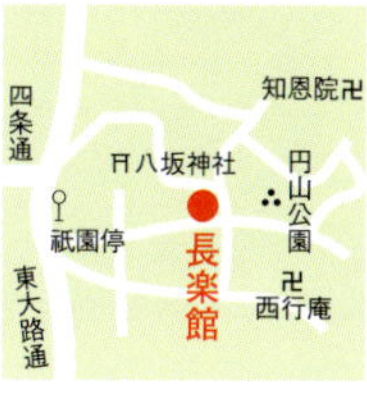

4 × 5 判カメラ、150ミリレンズ、ISO100カラーポジフィルム、5 秒、f22

◉日々の散歩道……蹲踞（つくばい）

奇智に富んだ発想と造形

　蹲踞とは難しい言葉だが、一般的には手水《ちょうず》鉢と言った方がよいかもしれない。本来は神佛にお参りする際に、口をすすぎ手を洗うための水を貯《た》める容器のことで、今回は庭園に設《しつら》えられた石造りの手水鉢を取りあげてみた。

　現在では書院の縁先に置かれたものを手水鉢、茶庭の露地の茶室近くに置かれたものを蹲踞と言うのが普通である。なぜ蹲踞と呼ばれるのか、その理由は水を使うときに身体をかがめるのでこの名が付いた。

　相撲の力士が対戦前に土俵脇で口をすすぐ際、そんきょすなわち蹲《つくば》う姿勢を思いうかべて頂ければよいかと思う。

　さて、その手水鉢を庭園内の意匠美として石造美術品にまで昇華し、楽しむようになるのは主に茶の湯の発達からであろう。

　なかでも古くから伝世した石造物を本来の目的を離れて、蹲踞として再利用したものは見立物《みたてもの》と言い、ことに珍重されている。そして新しくデザインを考案した創作物ともども、実際に京都の社寺や一般の庭園で見られる蹲踞の名品を訪ねてみると、その奇智に富んだ造形と発想に感動する。

　見立物では、洛南の浄瑠璃寺《じょうるりじ》本堂前に大石臼が手水鉢としてある。東山の圓徳院《えんとくいん》北庭には、「檜垣《ひがき》の手水鉢」と呼ばれる石宝塔の笠石を横に立てた奇抜なアイデアのものがある。妙心寺《みょうしんじ》山内の桂春院《けいしゅんいん》のものは、建物の柱を受ける礎石を流用していて、いかにも草庵に適《かな》った侘《わ》びた風情を醸《かも》し出している。

　創作物では銀閣寺の方丈縁先に、四面に市松模様を彫刻したモダンな意匠のものがあり「銀閣寺形」として流行し、日本中の庭園に模造品がある。このように取りあげると、溜息が出るほど京都には優れた蹲踞が数多く存在する。それらを実際に見て、手に触れることができる幸せを満喫したい。

　作例写真は、龍安寺《りょうあんじ》（→P.18）にて。「蔵六庵」茶席前に設《もう》けられた蹲踞。そのデザインから銭形手水鉢と言い、水穴の正方形を利用して、周囲の彫刻の偏や旁《つくり》と組み合わせ「吾唯知足《われただたるをしる》」の釈迦牟尼の教えが描き出されている。

桂春院
右京区花園妙心寺町
交通［市バス］妙心寺北門前停から南西へ徒歩3分、［京福北野線］妙心寺駅から東へ徒歩8分

◉日々の散歩道……町角（まちかど）

人と家と道をつなぐもの

ぶらぶらとカメラ散歩をしていて面白いのは、町角である。京の町は東西と南北の道路が、ほぼ等間隔に碁盤の目のように直角に交わっている。

各町はおおよそ一〇〇メートル四方に並んでいるので、各町角は急げば三〇秒か一分程度の歩行で、場所が移動できる。その町角がなぜ面白いかと言えば、角家の正面と側面とが立体的に見られること。

つまり家の構造がある程度分かるのと、そこを往来する人々の動きが真っ直ぐであったり、直角に曲がったり、立体的に見渡せる格好の場所だからである。

絵になる角家を見つけると、しばらくの間、立ち止まってみる。通行する人の顔をアップで撮るのは遠慮して、カメラにワイドレンズを装着してファインダーを覗《のぞ》く。

私のお気に入りは、角家が町家であってくれること、やはり京都の町はそうでなくてはと思う。殺風景な真四角のコンクリートや鉄筋造りのビルディングでは、日本中のどこの都市でも同じである。そしてたまには古い洋館もよい。明治期から大正期にかけて、西洋文化を積極的に取り入れようとした京都人の気概が感じられるから。

そして私の前を横切る人々は、町角という舞台の上で、日常生活をさりげなく自己表現しながら、私のカメラのフィルム上に影を残してくれる。

その非演出のドラマは大げさに言えば、この年、この月、この日、この時のほんの一瞬なのだが、かけがえのない生身の時間なのだと思う。

行きずりの人と家と道とを繋《つな》ぐもの、そのひとときを大切に記憶するところこそ、瞬間を捉《とら》えることができる写真術の醍醐味であろう。

作例写真は、上京区千本中立売の東南あたりで撮る。

35ミリ判カメラ、24ミリシフトレンズ、ISO100カラーポジフィルム、1／90秒、f5、6

●日々の散歩道……町家の外観（まちやのがいかん）

伝統ある町家の美しい町並みを残したい

今、町家の再生や、古い町家を若者たちが借りて修理をして住む話が、新聞紙上やテレビの画面をにぎわしている。

町家建築の木や土や紙を材料として構成された室内空間は、通気性に富み融通性がある。自分の生活のスタイルを織り込み、新しい暮らし方を創造することは素晴らしい試みであり、楽しい冒険に違いない。古くからの伝統文化に、若い力を吹き込む美学がそこに存在する。

京の町家の外観の特徴は、通りに面した一階が紅殻格子《べんがらごうし》で意匠されていることであろう。

京格子は構造上、①台格子、②平格子、③出格子に大別され、また家主の職業によってデザインが細分化される。

①は框《かまち》に固定され、荒格子で、木地のままの米屋格子、色付けされた酒屋格子、丸太の二つ割を使った油屋格子などがある。②は上京、中京の商家に多く、取り外しが可能な、はめ込み格子で、西陣の糸屋格子、室町界隈の仕舞屋格子。③は花街に多い見張格子、塀などに付けられた高格子などがある。

俗に紅殻色と呼ばれ、ベンガラに練墨を混ぜる度合いによって、紅殻色の強いものから黒に近い色まで、微妙に赤を感じさせる風合いを演出している。まさに京都人の真骨頂を見る気がする。

そして二階部分は虫籠窓《むしこまど》というのが町家の典型で、そのつつましい軒の高さと庇《ひさし》屋根とのバランスが実に見事な調和を醸《かも》し出している。また屋根に葺《ふ》かれるのは桟瓦《さんがわら》で、勾配は緩く、軒に近づくと「起《むく》り」がつけられ、軒先は一文字瓦で直線に整えられる。

現在これらの低い軒先の長く連なる町並みは、市中からほとんど姿を消してしまった。わずかに鞍馬や鳥居本《とりいもと》などの街道筋にしか残存していないのは、残念なことである。

作例写真は、中京の野口家の「花洛《からく》庵《あん》」。屋内に写真用照明を点灯して、格子の線の美しさを強調する。完成された町家の意匠美が、夕闇の中に浮かび上がる。

4×5判カメラ、90ミリレンズ、ISO100カラーポジフィルム、10秒、f16

◉日々の散歩道……竹 垣（たけがき）

隠して隠さず――微妙な心遣い

庭園には塀や垣がつきものである。いや厳密には、庭園の内と外とを区切る境界線上にあるから、庭園には属さないものかもしれない。しかし今回取りあげる竹垣は、その意匠面からも庭の重要な副主役である。

主に寺院名で呼ばれる建仁寺《けんにんじ》垣、大徳寺垣、龍安寺《りょうあんじ》垣、金閣寺垣など、それぞれの寺院独自のデザインと景観を楽しむ竹垣が、長い京都の庭園の歴史のなかで連綿と伝わり、また創意工夫で新しく作り出されている。

土塀や板塀などは、内と外とをきっぱりと遮断する機能性を重視した恒常的な構造物だが、竹垣は竹の持つしなやかさからくる優しさで、見る者の目を柔らげてくれる親しさをともなったバリアーと言えようか。

「垣間《かいま》見る」という言葉がある。直接的には「垣根の隙間から覗《のぞ》き見る」という意味なのだが、庭園内にしつらえられた粗《あら》く編まれた竹垣は隙間だらけで、隠して隠さずという曖昧《あいまい》な京都人独得の美学の結晶を見る思いがして、その微妙な心遣いに日本の美の一極致を感じる。

建仁寺垣のように青竹を高く隙間なく組んだものや、大徳寺垣、長福寺《ちょうふくじ》垣など竹の穂先をビッシリと編んで、向こう側の見えない竹垣も、そこはかとなく内側の様子を想像させながら、美的に視覚をさえぎる親近感がある。

また光悦垣や利休垣、ごく一般的な四ツ目垣、鉄砲垣といういかつい名のついたものまで、竹の種類の用い方やデザインの多種多様さの宝庫である。

京都の寺院や名庭を巡りながら、あるいは嵯峨野など郊外の里を歩き、垣根ウオッチングをするのは、写真の題材としても実に面白い。

作例写真は、とある民家の庭先にて。北アメリカ原産のベルガモットが、低い光悦垣を背景に群がり咲いている。個性的な花と奇抜なデザインの竹垣とが出会うなごやかな雰囲気の中で、竹垣は花を「松明《たいまつ》花」と日本名で呼ばれるのにふさわしく演出している。

金閣寺
北区金閣寺町
交通［市バス］金閣寺前停・金閣寺道停すぐ

4×5判カメラ、180ミリレンズ、ISO50カラーポジフィルム、1秒、f32

◉日々の散歩道……ねねの道（ねねのみち）

京の新しい風景、新しい散歩道

ねねの道とは聞き慣れない名だと思われるだろう、命名されたのはごく最近のことだ。

豊臣秀吉公の正室、北政所《きたのまんどころ》を京童は親しみを込めて「ねねさん」と呼ぶが、秀吉公の死後、ねねが十九年間の余生を送った東山の下河原にある圓徳《えんとく》院《いん》から、秀吉公の菩提を弔うために建立した高台寺《こうだいじ》へ、日夜お参りするのに通ったという話にちなみ、ねねの道と名づけられた。

それとも一つ、ここで取りあげたのは、道路ぞいの電柱をすっかり取り払って電線を地下に埋設し、自然石の御影《みかげ》石を敷いた石畳の道に仕上げられたからである。

北は祇園閣で有名な大雲院《だいうんいん》から南は高台寺の表参道までの、わずか数百メートルの距離だが、実現するまでの経緯はいろいろ大変だったと聞く。

京都の風景を写す写真家にとって、自分ではどうすることもできない悩みの一つに、電柱や電線がある。町中はもちろん、郊外や山の中までも、伝統的風景の中に建てられた電柱ほど、美観をこわすものはないと思っている。それらが邪魔で、今までに幾度撮影を断念したことだろう。

かつて電柱は安全なエネルギーや電話といった新しい夢を運んでくれる文化の象徴であった。しかし、今、林立する電柱と大空に重複し錯綜する電線は、まさに醜悪とまで形容したくなる。

さて本題に戻ろう。このねねの道周辺は「東山・石畳の道」と称される、祇園新橋の白川のほとり、建仁寺《けんにんじ》境内、東大谷参道、石塀小路、八坂塔付近の八坂通、そして一念坂をへて二年坂、産寧坂《さんねいざか》（三年坂）へと続く東山一帯の社寺を結ぶ参詣路が近年脚光を浴びてきている。

そしてねねの道では夜間照明がほどこされ、夜の観光も楽しめ、月真院《げっしんいん》や圓徳院の土塀越しに椿《つばき》の花が吹く。空を大きく取り入れた構図で狙っても、電柱や電線がなくすっきりした風景が撮れるのがうれしい。この風景こそ文明社会という気がする。

ねねの道
東山区下河原通八坂鳥居前下ル下河原町
交通［市バス］東山安井停から東へ徒歩5分

6×7判カメラ、45ミリレンズ、ISO100カラーポジフィルム、1／4秒、f16

水野克比古（みずの　かつひこ）

1941年、京都市上京区に生まれる。
同志社大学文学部卒業。東京綜合写真専門学校研究科を経て、1969年から京都の風景に取り組み、撮影を続ける。また日本の伝統文化を深く見つめ、エディトリアル部門で作品を発表し続け現在にいたる。

日本写真家協会会員
日本写真芸術学会会員

著書に『京都雪月花』（毎日新聞社）、『こころの京都』（主婦の友社）、『京の四季花ごよみ』『京都・花の名庭散歩』（講談社）、『花を見にゆく京都』『京都・花の咲く寺』（淡交社）など、写真集を中心に96冊を出版。

連絡先：FAX 075－431－5511

製作・協力　株式会社見聞社

京都・こだわりの散歩道
—水野克比古の写京人生—

ISBN4-578-12980-2　C0072

著　者　水野克比古
発行者　益井英博
印刷所　日本写真印刷株式会社
発行所　株式会社　文 英 堂
東京都新宿区岩戸町17　〒162-0832
電話（03）3269-4231（代）振替00170-3-82438
京都市南区上鳥羽大物町28　〒600-8691
電話（075）671-3161（代）振替01010-1-6824

●落丁・乱丁はおとりかえします。